Vers le vrai

À ma très chère Ingrid

Certains passages de ce livre s'inspirent d'une réalité douloureuse à laquelle peuvent être confrontées les personnes LGBTQIA+ et sont susceptibles de heurter les plus sensibles.

Slalom, un département d'Édi8
92 avenue de France, 75013 Paris
www.slalom-editions.fr
Correction : Virginie Lérot
Couverture : Nicolas Caminade

Loi n° 49-956 du 16 juillet 1949 sur les publications destinées à la jeunesse, modifiée par la loi n° 2011-525 du 17 mai 2011.
ISBN : 978-2-37554-348-1
Achevé d'imprimer en France en mai 2022
par Normandie Roto Impression s.a.s. (2202014)
Dépôt légal : juin 2022

Anne Loyer

Vers le vrai

Relecture sensible par
Bruno-Serge Leroy, journaliste
Morgan N. Lucas, thérapeute,
formateur diversité de genres et sexualités

Slalom

Il n'y a pas d'autre péché, que la stupidité.
Oscar Wilde

L'esprit cherche et c'est le cœur qui trouve.
George Sand

I

Paul

— Bonjour. Je m'appelle Paul. Je suis ici parce que...

Impossible de finir ma phrase. Qu'est-ce que je peux dire ? Comment formuler l'indicible ?

Un sourire gêné suit ma déclaration inachevée, avant que l'homme qui me fait face ne la termine à ma place :

— Parce que tu te sens attiré par les personnes du même sexe ?

Celui qui vient de parler s'appelle Matthieu. C'est lui qui m'a accueilli et qui dirige les débats. Il a une voix douce, presque chantante. Elle m'enveloppe, me caresse. Me donne l'impression d'avoir commis une bêtise et d'être repris par un adulte bienveillant.

Sauf que sa question, qui se veut amicale, ne m'offre aucun appui. Au contraire, j'ai l'impression de perdre pied. Le flou me gagne. La colère aussi. Je voudrais qu'il ravale ce qu'il vient de dire. Je refuse de lui donner raison. D'acquiescer. Je ferme les yeux un instant pour ne plus le voir, lui et ceux qui l'entourent, tendus dans l'attente d'une réponse que je ne peux leur offrir. C'est trop dur. Il doit sentir ma réticence, car il croise les doigts comme pour réciter une prière et penche son buste vers moi avant de continuer encore plus doucement :

— Ne t'inquiète pas. Tout cela est passager. Celui que tu es vraiment ne pourra jamais se résumer à ce penchant qui n'est qu'une confusion temporaire de tes sens. Tu n'as pas à t'en vouloir. Je suis là... nous sommes là, reprend-il en désignant les autres participants, pour t'accompagner vers la rédemption. Vers ton salut. Tu n'es plus tout seul.

Son regard bleu cobalt me dévisage avec une intensité incroyable. Mais ce n'est en rien une agression, c'est un soutien. Je le comprends maintenant. Il souligne chacun de ses mots d'un battement de paupières, comme s'il voulait les faire pénétrer en moi et effacer le brouillard qui me ronge. Et ça marche. J'y vois plus clair. Ses paroles dénouent le nœud qui enserre ma poitrine, il se relâche peu à peu, et le souffle entre mes lèvres se transforme en soulagement. Quand j'expire, le sourire de Matthieu s'élargit. Il se redresse lentement.

— Bienvenue, Paul. Bienvenue parmi nous, prononce-t-il en ouvrant les bras.

Les quatre autres personnes présentes s'empressent de répéter la formule dans un bel ensemble :

— Bienvenue, Paul.

Je les fixe tour à tour. Trois garçons et une fille. Ils ont l'air heureux de me compter parmi eux, de me faire une place dans leur groupe de parole que je viens de rejoindre. Je recule mes fesses sur mon siège, cale mon dos contre les barreaux de ma chaise, essaye d'avoir l'air dégagé entre les murs blancs de cette petite pièce où nous sommes réunis. Une croix en bois nous surplombe. La présence familière du Christ me rassure. Ce qui se dit ici se fait sous son contrôle, au creux de son oreille. De quelle meilleure protection pourrais-je avoir besoin ? L'accueil chaleureux des disciples, comme les nomme Matthieu, me réconforte aussi. Je suis là pour être entendu, pour être aidé. Je ne suis qu'au tout début d'un tournant. Je l'espère tellement...

***

Je n'ai rien fait pourtant. Enfin, presque rien... Oui, j'ai failli, mais j'ai résisté. Je n'ai pas flanché. Je n'ai pas commis l'irréparable. Mon esprit, ma foi m'ont retenu au bord du chaos. J'ai juste besoin qu'on m'extirpe de ce qui m'englue à mon corps défendant, de ce qui m'enlise loin de la surface. Qu'on m'ôte cette sale écharde avant qu'elle ne m'infecte. Ce groupe de parole est mon secours, ma planche de salut. Je le veux. J'y crois.

***

Depuis toujours je suis un garçon souriant, gentil, bosseur, en tout cas c'est ainsi que me présentent invariablement mes parents aux invités qui viennent dîner. Un enfant, puis un ado, certes un peu rêveur, mais « tellement charmant » que certaines des amies de ma mère perçoivent comme le gendre idéal. Le jeune homme sérieux et poli dont elles rêvent pour leur fille, quand elles en ont une.

De l'enfance, je conserve de merveilleux souvenirs. Marie, Marguerite et Madeleine, mes aînées de six, quatre et deux ans, me vouent une véritable adoration. Je suis le chouchou. Le petit dernier. Le seul garçon de la descendance. Ça vous pose un rejeton. Mon militaire de père, qui n'aime rien tant que l'ordre et la rigueur, est très fier de sa progéniture et ne tarit pas d'éloges sur moi, son fils, en qui il place beaucoup d'espoirs – hautes études et job de *winner*. Un packaging de compète qu'il a eu le temps de peaufiner : il m'a attendu longtemps. Il dit souvent que ses trois filles sont gracieuses comme des papillons mais que son fils est fort comme un lion. Maman, prof de français dans un collège privé, le reprend à chaque fois, regrettant l'utilisation de la conjonction de coordination paternelle, ce « mais » qui, selon elle, entérine une concurrence qui n'a pas lieu d'être. Il y a les papillons et le lion, fin de la discussion. Cela nous fait rire, même si mes sœurs râlent un peu contre ces images datées.

Porté par cette flatteuse description, j'ai toujours eu à cœur de faire ce que l'on attendait de moi. Pas question de décevoir de si hautes ambitions quand elles sont le fruit d'un si grand amour. Alors j'enchaîne les bonnes notes comme les pratiques sportives. Le tennis, le golf, la natation, le basket, le handball, le rugby... Je ne brille pas toujours, loin de là, mais au moins je ne démérite pas. Et puis j'aime ça, me dépenser, courir, transpirer. Et quand je gagne, quand une coupe vient encombrer mon étagère à trophées, le regard de mon père suffit à décupler ma victoire. La confiance que mes parents mettent en moi est un super moteur pour tous les actes de ma vie.

Avec les filles, je ne suis pas un don Juan mais il m'arrive de les intéresser et je mentirais si je disais que cela me déplaît. Il suffit de capter certains regards quand je passe près d'elles, de déchiffrer les sourires qu'elles me tendent. Pourtant, j'avoue ne pas en abuser. Le respect n'est pas un vain mot chez moi, et entouré comme je le suis à la maison par trois sœurs et une mère, il ne me viendrait pas à l'esprit de collectionner les conquêtes. D'ailleurs, je n'ai pas eu beaucoup d'aventures. Deux ou trois seulement. En CM1, je suis sorti avec Claire. C'était gentil. On se tenait la main, on se murmurait des secrets. L'histoire a duré quelques mois. On s'est à peine embrassés sous les branches du sapin de son jardin, lors d'un barbecue familial. Mais ma grande sœur Marie nous a découverts. Elle n'a rien trouvé de mieux que de nous dénoncer, ça a mis fin à notre idylle. Les parents nous trouvaient beaucoup trop jeunes, surtout Claire d'ailleurs... On s'est quittés sans regret, en tout cas de mon côté. De toute façon, les autorités supérieures ayant montré leur désaccord, il était hors de question de désobéir. Plus tard, en quatrième, Cécile, une élève de ma classe, m'a envoyé un texto. Elle me donnait rendez-vous, après les cours, à l'arrêt de bus. J'y suis allé, plus par curiosité que par envie. Son carré blond et ses lunettes rouges ne m'attiraient pas spécialement. Elle m'a demandé de l'embrasser, comme ça, direct. Et même si ça m'a choqué, je l'ai fait, un baiser moitié sage, moitié mouillé, donné sans conviction mais avec application. J'ai vu alors ses copines sortir de leur cachette comme des diablotines de leur boîte : elles avaient visiblement gagné leur pari. Je n'avais été qu'un jouet entre leurs mains. J'ai préféré en rire... mais ma fierté en a pris un coup, ça ne m'a pas donné envie de retenter l'expérience. Les filles me faisaient l'effet d'un pays étranger. Je ne me retrouvais pas dans leurs désirs-délires. Mieux valait s'en tenir éloigné.

Et puis, en troisième, il y a eu Estelle. C'est la prof documentaliste qui nous a réunis sur un projet d'atelier d'écriture. Il s'agissait de rédiger une nouvelle pour un concours, on avait le droit de participer à quatre mains. Je ne la connaissais pas mais, très vite, on a été en accord. Sur le sujet, sur le style, sur la forme. Notre récit prenait tournure avec évidence : elle avançait une idée, je rebondissais, elle formulait, je corrigeais, on harmonisait. Nous avons fini par sortir du cadre du CDI, ses frontières nous apparaissant vite trop étriquées pour contenir nos discussions. Alors on s'est vus en dehors, à la cantine et à la pause. Chez l'un ou chez l'autre. Estelle était une fille cool, toujours de bonne humeur, se baladant invariablement avec un livre coincé sous le bras et un casque sur les oreilles. La musique et la lecture pour pôles d'attraction. J'appréciais sa compagnie et l'image du petit couple que nous formions, elle et moi, ne me déplaisait pas. Pour les autres, c'était sûr, nous étions ensemble. Nous laissions dire, même si en vrai c'était plus compliqué. Elle s'en amusait et je ne prenais pas les devants. Nous ne faisions rien pour aller plus loin et il nous a bien fallu trois mois de complicité avant d'envisager que nous étions plus que des amis. C'est elle, d'ailleurs, qui a déclenché les hostilités. Un jour que nous sortions du cinéma, elle m'a attrapé la main :

— Paul... Je voulais te demander...

Alerté par son geste, je me suis arrêté de marcher et l'ai questionnée du regard.

— Ce n'est pas un peu bizarre ? a-t-elle poursuivi.

— Quoi ?

Son rire a fusé, un peu dissonant, mal à l'aise.

— Mais NOUS !

Comme je restais sans voix, surpris par son exclamation, l'air sûrement ahuri, elle a jugé bon de m'éclairer :

— Je veux dire... Tu ne ressens rien pour moi ? Même pas un petit truc ?

C'était ça. Elle espérait que je serais plus démonstratif, que je dépasserais le cadre de l'amitié. Ce serait faux de dire que je ne m'étais jamais interrogé, mais à cet instant, au moment où elle posait le doigt sur l'étrangeté de notre relation, si platonique, elle m'a pris de court. Alors, j'ai inspiré un grand coup et je lui ai donné ce que je pensais être la meilleure des réponses. Pas besoin de mots dans ces cas-là, mieux valait passer directement à l'action, à ce qu'elle attendait de moi.

De toute façon, il était clair que nous en arriverions là, je le savais, même si je n'avais jamais eu envie de précipiter les choses. Nous ne pouvions esquiver éternellement le sujet alors que nous passions de plus en plus de temps tous les deux. D'autant qu'avant même qu'elle ne le formule, certaines de ses attitudes, de ses regards, ne mentaient pas sur ses attentes.

Estelle s'est dégagée rapidement de mon étreinte, malhabile, c'est vrai, sûrement trop rapide, carrément trop brusque, mais sincère quand même.

— O.K., O.K... a-t-elle dit en s'essuyant les lèvres et en me repoussant d'une main, ce que j'ai trouvé un peu gonflé.

— Pas besoin d'être si réactif ! a-t-elle ajouté pour commenter sa réaction à elle.

Mais son sourire est vite réapparu :

— On est ensemble alors ? Vraiment ?

Je n'ai pas voulu réitérer l'expérience du baiser, de peur d'une nouvelle rebuffade. Je me suis contenté d'un « oui » sonore et appuyé qui l'a visiblement enchantée.

C'est ce jour-là que nous avons scellé notre duo, entériné notre statut de couple. Le plus important pour moi, c'était de continuer à discuter et rigoler ensemble. Le reste était en bonus. Je ne pouvais pas me plaindre. Mes sœurs, même Marie cette fois, étaient ravies pour moi et j'ai fait mon entrée en seconde avec mention TB au brevet et une petite amie au bras. L'avenir s'annonçait radieux. C'est pourtant cette année-là, alors que ma vie s'écrivait dans le bon sens, que j'ai subi un premier bug.

II

Thalia

Un coup de brosse dans ses cheveux, un jean de dix jours enfilé à la va-vite, une chemise blanche passée sur son torse sans soutien-gorge, des baskets rouges aux lacets rentrés, son sac sur l'épaule gauche, un casque dans la main droite, Thalia saute les trois dernières marches de l'escalier pour atterrir dans la cuisine.

— Fais attention, Thal' ! Tu vas finir par casser quelque chose !

L'adolescente rigole, lâche sac et casque à ses pieds et s'empare d'un bol ébréché pour y verser une bonne dose de céréales qu'elle se met à croquer.

— Y a plus de lait ? demande-t-elle la bouche pleine devant la porte du frigo grande ouverte.

— On dirait que tu n'habites pas cette maison ! souffle sa mère, agacée, en lui désignant le placard.

Sauf qu'à l'intérieur, c'est le vide : plus de réserves. Thalia se retourne, la mine défaite, quand :

— C'est moi qui l'ai !

Dans la main de son petit frère tout sourire, la dernière brique s'élève, faisant gicler le liquide blanc dans sa tignasse bouclée.

— T'en fous partout ! râle Thalia pour la forme en attrapant au vol l'objet convoité.

Elle se verse une rasade et finit sa ration en deux bouchées.

— Faut que je me tire, je vais être en retard !

— Comme d'habitude, siffle sa mère en empilant la vaisselle sale dans l'évier. Et tu pourrais mettre un soutif !

Thalia lève les yeux au ciel... Quel besoin de s'embarrasser d'un bout de tissu qui ne servirait à rien vu ses seins de moineau ?

— À plus, Arthus, lance-t-elle en déposant un baiser sur le front de son frérot.

— Arthur ! Avec un R, grogne-t-il.

— C'est pour la rime, minus !

Et la porte d'entrée se ferme dans son éclat de rire.

Au pas de course, le casque vissé sur les oreilles, Thalia fait défiler les quelques centaines de mètres qui la séparent de son lycée. La musique emplit sa tête, un air brut et pop qui lui donne du tonus pour entamer sa journée. Elle a cours de philo ce matin, avec Mme Sensa et, ça aussi, ça la met en joie. Elle adore cette prof à l'esprit largement ouvert, au verbe enflammé qui a su, dès la première heure, la passionner pour sa matière. Ce n'était pourtant pas gagné. Thalia n'avait pas vraiment brillé au bac français et elle ne misait pas grand-chose sur cet étrange cours sorti du chapeau de la terminale. Mais l'enseignante, petite femme énergique et volubile, l'avait mise dans sa poche en évoquant le premier sujet qu'ils allaient étudier : le désir. En voilà une promesse séduisante ! Et puis, justement, puisqu'on en parlait, elle était en plein dedans. Cette espèce de courant venu d'on ne savait où et qui la traversait de part en part chaque fois qu'elle voyait Loïs. C'était fou, c'était dingue, c'était magique.

Une première, pour elle, de ressentir un truc aussi fort. Elle pensait pourtant avoir franchi depuis longtemps le cap des premières fois : premiers regards, premiers baisers, premiers frissons, première fois tout court. Avec des gars et même une fille, Thalia avait essayé, conclu, avant de larguer. Sans larmes ni état d'âme particulier. L'adolescente appartenait à la caste de celles qui foncent, qui ne s'embarrassent pas de sentiments-boulets. Thalia, la vie, elle voulait la croquer par tous les bouts et ce, depuis toujours. Portée par un caractère entier, elle enrageait de ne pas pouvoir brûler les étapes pour s'enfuir de chez elle.

Chez elle...

Sa mère, Violaine, était une femme blessée qui avait subi un véritable traumatisme, trois ans auparavant, quand son patron l'avait congédiée du jour au lendemain pour une erreur de bilan. Depuis, elle avait enchaîné les recours face à son ancienne entreprise, une imprimerie tenue par « un salaud », « un incompétent », « un sale con », qui n'avait rien voulu entendre et n'avait rien lâché. Elle s'était épuisée en une guerre stérile dans laquelle elle avait jeté toutes ses forces et qui l'empêchait de se reconstruire. Le temps judiciaire s'était étiré et avait fini par trancher, un an auparavant. Sa mère avait été déboutée de tous ses espoirs.

Son père, Medhi, bossait sur des chantiers qui, en l'espace de trois ans, n'avaient fait que l'éloigner un peu plus du domicile familial. Bizarre, non ? Parfois, Thalia s'inquiétait de savoir si elle avait toujours un paternel tellement ses absences s'éternisaient. Elle en avait souffert au début... mais elle avait fini par s'habituer. Voire, par s'en foutre.

Elle se demandait pourquoi ces deux-là restaient ensemble. Pourquoi ils faisaient semblant, quand le hasard du calendrier professionnel de Medhi le ramenait à la maison.

Heureusement il y avait Arthur, sa bouille ronde et ses cheveux en bataille, ses huit ans et ses yeux verts. Il l'énervait parfois avec ses manières pot de colle, mais au fond elle adorait ce gamin avec ses dix ans de moins, surgi par surprise. C'est vrai que chez eux, la tendresse, les câlins, les embrassades, les mots d'amour, tout ce que Thalia avait découvert par elle-même, dans les livres ou les séries, ne se manifestaient pas souvent... Ils vivaient davantage les uns à côté des autres que les uns avec les autres. Du moment qu'elle et son frère ne redoublaient pas, qu'ils étaient là pour les repas, qu'ils faisaient leur lit et qu'ils n'étaient pas trop chiants, le contrat était rempli. Les balades dominicales ou les jeux de société ne faisaient pas partie du programme familial. De toute façon, de quoi Thalia se serait-elle plainte ? Autour d'elle, les familles recomposées poussaient comme des champignons et les engueulades parentales étaient légion. Au moins, chez elle, la stabilité régnait et elle jouissait d'une liberté plutôt grisante. Ses parents, concentrés sur leurs problèmes, n'étaient pas trop regardants.

Thalia en profitait pleinement. Les ailes lui étaient vraiment poussées en fin de troisième, lorsque sa mère avait lâché prise après son licenciement. C'était comme si la porte s'était ouverte en grand, l'aspirant au-dehors. Elle s'offrait une respiration loin de l'atmosphère écrasante qui régnait chez elle : Thalia refusait d'être contaminée par ricochet. Pas par indifférence au sort de sa mère, mais tout simplement parce qu'elle ne trouvait pas les mots, et que, quand elle essayait, elle se faisait remettre à sa place d'un « tu ne peux pas comprendre » suffisamment explicite pour lui ôter toute envie d'empathie. Alors elle enchaînait les sorties café-ciné-soirée, ainsi que les virées sur les trottoirs sans fin de sa ville, le long de la voie verte rejoignant l'étang, cette étendue bleue qui s'arrondissait entre les arbres. Elle partait, canne à pêche en bandoulière, grimpée sur son antique vélo rouge, pour taquiner le brochet ou le black-bass en mode *no-kill* pendant des heures. Parfois elle traînait Arthur sur son porte-bagages, mais comme il n'était ni du genre silencieux, ni du genre patient, sa présence faisait souvent capoter ses meilleures prises, aussi préférait-elle lancer sa ligne en solo.

C'est là qu'elle avait rencontré Loïs, avant la rentrée en terminale. Un jour d'été, en plein milieu des vacances, lorsque le soleil tape trop fort et que le moindre brin d'ombre se fait refuge. Dans une courbe du sentier, à l'abri des regards, elle était étendue de tout son long, étoile de mer en bord d'étang. La peau offerte aux rayons ultraviolets. Abandonnée tout entière à la chaleur, elle semblait dormir. À moins qu'elle ne se soit évanouie. Ou pire... Par quel mystère Thalia avait-elle posé pied à terre à sa vue ? Pourquoi cette silhouette l'avait-elle stoppée dans son élan ? Qu'avait-elle ressenti exactement ?

Une crainte irraisonnée l'avait saisie, immédiatement suivie d'un besoin irrépressible de vérifier qu'elle était bien en vie. Comme si de son intervention dépendait le sort de celle qui était allongée là, sans défense. D'un coup de hanche elle avait posé sa bicyclette à terre et s'était avancée sans faire de bruit, pour pouvoir faire demi-tour à la moindre réaction de celle qui reposait devant elle, short mini et *crop top* moulant. Thalia s'était d'abord rassurée à la vue du ventre, dont elle avait vu le nombril se soulever de manière régulière. Aimantée malgré elle, cette preuve ne lui suffisant pas, elle s'était encore approchée, jusqu'à discerner le frémissement des cils qui ceinturaient les yeux de l'endormie. Elle la surplombait maintenant, et, profitant de cette vue plongeante, elle la contemplait, bouche bée. De loin, elle l'avait d'abord prise pour une petite fille, une collégienne tout au plus. Mais de si près, le doute n'était plus possible : il s'agissait d'une ado de son âge. L'impression de fragilité qui émanait de son corps déployé était soulignée par la finesse de ses membres qui s'étiraient, se perdaient dans l'herbe grasse du paysage. Ses traits étaient délicats, si ce n'était le menton, dont les contours un peu bruts laissaient deviner qu'il était volontaire. Des pommettes saillantes et un front large complétaient le portrait, où se détachait le joli dessin rouge formé par les lèvres entrouvertes.

Loïs s'était contentée d'ouvrir les yeux sur le visage de Thalia. Elle n'avait pas bronché, même pas semblé surprise de découvrir au-dessus d'elle cette nana qui la fixait. Sa bouche s'était simplement fendue en un sourire étonnant, mi-sympa, mi-ironique. Indéchiffrable.

— Salut !

Thalia avait eu un mouvement de recul et avait bafouillé un imperceptible « salut » en retour.

— Je te connais ! T'es à Margot ! lui avait lancé la fille et, en se redressant à la force de ses seuls abdos, elle s'était retrouvée debout, la main en visière pour se protéger de l'éclat de la lumière et examiner celle qui lui faisait face.

— J'ai cru que... avait commencé Thalia pour expliquer son intrusion, alors que l'autre ne lui demandait rien.

— Que j'allais cramer comme une merguez ? l'avait-elle coupée en se marrant. Même pas ! J'ai pensé à tout, *look* !

Elle avait dégainé un tube de crème solaire à moitié vide de la poche de son short.

— Le problème, avait-elle ajouté en se contorsionnant pour se regarder, c'est que je fais soit dans le pâlichon, soit dans le rubicond. Il n'y a pas de juste milieu avec moi !

Sans attendre de réponse, elle avait planté ses yeux dans ceux de Thalia :

— Tu t'appelles comment au fait ?

— Thalia.

— Moi c'est Loïs. Tu l'aimes, mon prénom ?

Thalia avait eu un instant d'étonnement. Mais la fraîcheur couplée à la franchise de la question avait tout balayé :

— J'adore !

III

Paul

« Bonjour. Je m'appelle Paul. Je suis attiré par les personnes du même sexe. »

Non, c'est impossible. Je ne peux pas dire cela... Le dire, c'est l'admettre, le dire, c'est l'accepter. Pourtant c'est ainsi que Matthieu m'a présenté. Ses mots, dont l'écho persiste, même s'ils sont sans doute inévitables, me lacèrent comme des griffes.

Maintenant que je suis seul dans ma chambre, face à un miroir indifférent, je tente de savoir qui me fait face avec ces sourcils froncés, cette parole grave, ces yeux fixes, cet air impassible, déterminé et convaincu. Ce reflet qui me semble correspondre à celui que je me dois d'être. Le Paul prêt à combattre, à abattre le fléau qui l'a touché. Matthieu, mes parents, mes sœurs, ma foi, et moi le premier, tous, nous espérons que je vais m'en sortir. Que je vais me débarrasser de l'inclination pernicieuse où m'entraînent mes penchants. Que je vais laisser derrière moi l'enfer aux portes duquel j'ai vacillé.

Ce soir, j'ai demandé à dîner dans ma chambre. Seul. Après cette première séance, j'ai besoin de me recentrer, de me concentrer, de réfléchir à tout ce qui s'est dit et à ce que je peux en faire. Maman l'a très bien compris. Elle m'a serré dans ses bras, m'a assuré de son amour et de celui du Créateur.

— Tu vas y arriver, mon chéri. Nous t'accompagnerons vers la lumière. Tu retrouveras le chemin de ton vrai toi.

Je me suis contenté de hocher la tête. *Un chemin. Le vrai moi.* Maman emploie la même rhétorique que celle utilisée par Matthieu et qu'il va falloir que j'assimile, que je fasse mienne. Elle me permet d'entrevoir une issue : il va me falloir avancer, guidé par les paroles et les conseils du groupe que je viens de rejoindre. Il ne s'appelle pas Vers le Vrai pour rien. Il nous a été recommandé par le prêtre de notre paroisse, qui a déjà aiguillé d'autres âmes perdues. Le père Philippe est un ami de la famille : il a marié mes parents, baptisé chacune de mes sœurs avant moi, a suivi notre engagement religieux de la première communion à la confirmation en passant par l'eucharistie et la profession de foi. Nous avons franchi toutes les étapes du parcours catholique avec lui. Avec succès. Sans fausse note. Jusqu'à aujourd'hui. Jusqu'à moi et mon problème.

Un problème qui n'est pas insoluble. J'en suis convaincu. Lorsque je me suis confié, je savais que mes paroles seraient dures à entendre, je me doutais bien que ma confession allait leur faire mal. Mais je ne pouvais plus leur cacher ce qui me torturait jour et nuit, je ne devais plus dissimuler à ceux que j'aime ce qui me ravageait l'esprit et le cœur. Ce séisme intérieur qui me bouffait tout entier. Et puis, j'avais tellement frôlé le gouffre qu'il m'était devenu impossible de continuer à faire semblant.

J'avais confiance en leur amour, en leur bienveillance. Ils allaient me prêter main-forte pour surmonter l'épreuve que m'envoyait le Seigneur et me conseiller comme ils l'avaient fait depuis toujours. J'ai vu leurs larmes, leur peine, leur incompréhension. Elles m'ont déchiré l'âme. Mais ils ont répondu présents, comme je l'espérais. À présent ma honte n'a d'égale que ma volonté de m'en sortir.

Alors je répète encore ce que m'a dit Matthieu. Je martèle ses paroles jusqu'à ce qu'elles perdent leur signification, qu'elles deviennent insipides, vides de sens. Car tout cela n'a aucun sens. Ne peut pas en avoir un.

Je relève la tête et prononce, sûr de moi, les phrases en phase avec mon intime conviction :

— Bonjour. Je m'appelle Paul. Et je vais guérir.

***

C'est en seconde et grâce à Estelle que j'ai eu l'occasion de vivre une nouvelle expérience. Cela faisait longtemps que je lorgnais vers le club théâtre animé par une prof de français. Ce n'était pas une vraie option, mais l'opportunité de brûler les planches lycéennes avec une petite troupe d'amateurs motivés. Estelle, à qui j'avais avoué mon intérêt pour les pièces de Molière, m'a incité à franchir le cap et à la rejoindre le lundi soir après les cours, dans une salle prêtée par l'établissement pour déclamer à tout va. La première fois, je m'y étais rendu « pour voir », en simple spectateur. J'étais beaucoup trop intimidé pour monter sur la scène et m'essayer à bafouiller une seule phrase. Estelle campait un personnage assez odieux, récitant une tirade de sa composition. Elle était vraiment drôle dans ce rôle de harpie qu'elle improvisait au fil des mots. Le garçon qui lui donnait la réplique se ratatinait en direct sous sa colère et tenait à la perfection son statut de victime. Ses mimiques, ses grimaces, son allure soumise et effrayée étaient plus vraies que nature ! Il portait une perruque jaune poussin et des bretelles rouges qui le rendaient encore plus risible. La prof et les élèves s'esclaffaient sans retenue. Très vite, je me suis joint à l'hilarité collective et c'est par le rire qu'on m'a accepté. Après avoir salué d'un geste ample, Estelle m'a présenté à Mme Simone Legavec, Camille, Jules, Pauline et Olivia. Thomas, celui qui avait subi sa fausse fureur, a sauté en bas de la scène avec une vivacité de félin. Il a déployé son corps et, à la place du petit bonhomme ridicule qu'il était une minute plus tôt, j'ai découvert un ado baraqué aux boucles brunes. Il m'a tendu la main avant de broyer la mienne et, s'amusant de mon air ahuri devant sa carrure, m'a balancé :

— Faut pas croire tout ce qu'on voit sur scène !

La preuve de ce qu'il m'assénait brûlait encore ma peau alors qu'il s'éloignait vers les autres. Surpris, bousculé, je tentais de me mettre au diapason. Il y avait un tel naturel, une telle vivacité dans chacun de leurs échanges ! Alors que je me disais que je n'allais jamais pouvoir être à la hauteur, l'enseignante, qu'on m'avait présentée comme aussi intransigeante que formidable, m'a interpellé :

— À ton tour, Paul ! Montre-nous ce que tu as dans les tripes.

Je m'apprêtais à lui répondre que je n'avais jamais fait de théâtre, que je n'avais rien préparé ou n'importe quelle excuse pour refuser de grimper sous la lumière qui éclaboussait la scène, mais Estelle me poussait déjà par les épaules :

— Vas-y ! Lance-toi !

Je me suis retrouvé comme un con, au milieu de l'estrade, les bras ballants.

— Mais... qu'est-ce que je fais ? ai-je demandé d'une voix piteuse.

C'est une exclamation qui m'a répondu.

— Ah ! Te voilà !

Thomas était devant moi. Il avait enfilé une jupe sur son jean et portait, cette fois, une longue chevelure rousse qui lui dégoulinait sur les épaules.

— Dis donc ! C'est à cette heure-là que tu arrives ? Je poireaute depuis une heure, moi ! C'est quoi ce délire ?

Son apparition soudaine, dans ce costume impensable, m'aveuglait littéralement. Je battais des cils pour reprendre mes esprits, pour trouver un truc intéressant à sortir... mais ma langue était prise dans un étau et ma bouche aussi sèche qu'un désert. D'ailleurs, c'était exactement ça : j'étais le désert. Rien ne me venait, je restais aussi silencieux qu'un muet, aussi vide qu'un trou noir. Il accaparait tant de lumière, avait une telle présence, qu'il m'enfonçait dans le néant.

— Alors ? T'as perdu ta langue ? Tu vas me dire avec qui tu étais ou c'est moi qui dois deviner ?

Il me la jouait jalouse. Thomas m'avait tendu une perche pour que je réagisse. J'ai bredouillé les premiers mots qui me sont passés par la tête :

— On ne peut rien te cacher. Je ne vois pas pourquoi, dans ces conditions, je devrais me justifier. Puisque tu sais.

— Je sais ? Je sais quoi ?

— Qu'il y a quelqu'un d'autre...

Des applaudissements sont montés de la salle. Estelle a crié un « waouh » beaucoup trop enthousiaste à mon goût.

— Tu t'en es bien sorti, a conclu plus sobrement Simone Legavec.

Thomas, lui, a relevé sa jupe dans une révérence grotesque. J'aurais aimé qu'il dise quelque chose. J'ai cherché son regard, mais ses yeux verts se sont dérobés aux miens. J'ai alors ressenti un pincement au cœur que je n'avais pas anticipé. Comme si c'était son approbation qui m'importait, son compliment que j'attendais, davantage que ceux d'Estelle ou même de la prof. Sa prestation m'avait bluffé et j'avais été flatté qu'il veuille bien être mon partenaire, moi qui débutais totalement. Mais Thomas s'était contenté de me tourner le dos, sans un mot. Le cours était terminé et je n'avais qu'une seule idée en tête, remettre ça le plus vite possible. Rejouer avec lui. Lui montrer ce dont j'étais capable.

IV

Thalia

« Malheur à qui n'a plus rien à désirer ! »

La phrase cueille les élèves dès qu'ils pénètrent dans la classe. Elle est écrite en gros et au feutre noir sur le tableau blanc. Véronique Sensa a dû l'inscrire en montant sur la pointe des pieds, elle flotte au-dessus de sa tête. Les terminales B s'installent, dans le brouhaha habituel des débuts de cours. Thalia, elle, ne peut détacher son regard des mots affichés sur le mur. Un sourire se suspend à ses lèvres. *Je n'ai pas ce souci, moi. Je désire. Je désire méchamment même !* pense-t-elle en convoquant l'image de Loïs. Aussi, lorsque la professeure, après avoir réclamé le retour au calme, leur demande :

— Que pensez-vous de cette citation, tirée de *La Nouvelle Héloïse* de Rousseau ?

Sa réponse fuse à la vitesse de l'éclair :

— Que le désir c'est la vie !

— Excellent ! ne peut s'empêcher d'approuver l'enseignante. Mais pourrais-tu creuser un peu plus ?

Thalia se concentre, relit la sentence avant de reprendre :

— Il nous met en garde aussi. Si on abandonne l'envie d'avoir plus, d'avoir mieux, alors on lâche l'affaire et on s'écroule.

Mme Sensa hoche la tête, d'un mouvement appréciateur :

— Pas mal... Il veut aussi nous dire que le bonheur, qui est le contraire de ce malheur annoncé, se trouve non pas dans la réalisation du désir mais dans l'action de désirer. Obtenir ce que l'on convoite n'est pas une fin en soi, c'est le chemin pour y arriver qui nous apporte le plus de satisfaction.

Thalia a noté avec vivacité ce que sa prof vient de dire. Le reste se perd dans la discussion qui s'ensuit et que Véronique Sensa aime provoquer pour débuter ses cours. La jeune fille grignote le capuchon de son stylo, le met en charpie alors que son esprit entre en ébullition. Depuis qu'elle est avec Loïs, elles n'ont pas encore sauté le pas, fusionné leurs corps dans le même élan. Pourtant ce n'est pas l'envie qui leur manque. Mais quelque chose les arrête, les retient encore, tout au bord. Pudeur ? Timidité ? Peur ? Si jamais elles le faisaient, ce pas de plus vers l'amour, en auraient-elles fini avec leur désir ? S'éteindrait-il à jamais, une fois consommé ? Retomberait-il comme un soufflé ou leur ouvrirait-il d'autres champs encore inexplorés ? D'ailleurs, bizarrement, c'est Thalia qui est la plus réticente à franchir le cap. Et cette citation de Rousseau lui semble parfaite pour décrire son hésitation. Elle ne l'avait pas formulée ainsi jusque-là, bien sûr, mais maintenant elle a l'impression que tout s'éclaire. Oui, c'est cela, elle craint de voir le désir disparaître en s'y abandonnant, or elle refuse de perdre Loïs. Le sentiment qui l'agite si fort ne peut pas, ne pourra pas se résumer à une banale histoire de cul, un truc rapide et éphémère. De son côté, elle en est sûre. Mais du côté de Loïs ? Thalia ne peut s'empêcher de douter et de s'en vouloir de douter. Mais l'attitude de son amie est souvent illisible et Thalia a parfois du mal à s'y retrouver. Depuis cette première rencontre sur la rive du lac, la fille de ses pensées souffle le chaud et le froid, girouette aussi épuisante que séduisante.

Deux jours après, Loïs l'avait appelée pour lui proposer un ciné. On était en pleine canicule et la perspective de se terrer au fond d'une salle climatisée était particulièrement tentante. Y rejoindre cette drôle de meuf qui tatouait ses rêves depuis deux jours, encore plus. Ce qu'elle en savait tenait sur un ticket de bus : son prénom, son lycée – le même que le sien – et son tour de poitrine. Rien à voir avec la sienne d'ailleurs ! Le reste de leur discussion avait tourné autour de la pandémie et son cortège de masques et de confinements qui avaient raccourci les cours et rallongé l'été, et de leur envie commune d'espaces verts qui trouvait son exutoire ici, près du lac d'Auron, entre herbes folles et eaux sages. Elles avaient bavardé comme deux vieilles copines sans se poser de questions intimes alors que Thalia avait immédiatement saisi la nature de l'émotion qui la traversait à chaque fois que Loïs inclinait son visage vers elle pour la prendre au mot ou pour en ajouter un. Lorsqu'elle se penchait en avant, sa tignasse blonde lui dévalait dans le cou et elle la renvoyait, d'un mouvement ample et rapide, un geste bien rodé qui ne servait à rien et qu'elle recommençait encore et encore, sans jamais se lasser. Elles avaient parlé longtemps, jusqu'à voir le jour décliner, leurs ombres s'embrasser, les frissons les parcourir. Elles avaient fini par se quitter sur la promesse de vite se revoir et Thalia avait eu la sensation tactile d'un arrachement, d'un étrange décollement de peau.

Alors, cette proposition, elle avait bondi dessus. Elle s'était même demandé pourquoi ce n'était pas elle qui était à la manœuvre ; cette passivité, qui lui avait fait garder le lit, l'œil vissé à son écran de smartphone, ne lui ressemblait pas. Mais elle refusait d'être la première à dégainer, elle pensait ainsi tester la volonté de Loïs, mesurer son degré de désir. Deux jours entiers c'était long, très long... mais elle avait tenu bon, Loïs avait craqué la première. La patience qu'elle avait manifestée était récompensée. Il suffisait de ne pas compter les ongles et les bouts de peau qui jonchaient le sol de sa chambre pour transformer l'essai en succès.

Thalia s'était précipitée au rendez-vous, en ayant pris soin de se coiffer et se maquiller. Elle qui d'habitude se foutait de son apparence s'était même offert le luxe de piquer un tee-shirt à sa mère – un noir pailleté, effet canon assuré – sur lequel elle lorgnait depuis un bon bout de temps. Violaine lui en avait toujours refusé l'accès. Cette fois-ci elle avait foulé l'interdiction au pied et s'en était emparée dès que l'occasion s'était présentée. Son empressement à se faire belle lui avait fait gagner une demi-heure sur l'horaire convenu. Perchée sur une rambarde, elle s'était mise à poireauter, les pieds battant son impatience, cinq, dix, vingt, trente minutes... Loïs avait oublié l'heure. La séance était loupée mais ce n'était pas le pire. Le pire, c'était qu'elle avait débarqué flanquée de deux mecs, absolument pas prévus au programme. Deux gars à la con, qu'elle avait ramassés on ne sait où et qui avaient emboîté sa démarche chaloupée sans qu'elle trouve rien à y redire, sans qu'elle fasse rien pour les dégager. Thalia s'était trouvée soudain stupide dans son truc à paillettes qui ne brillait plus pour personne. Elle qui avait passé un temps fou devant sa glace pour un résultat proche de zéro contemplait la silhouette de Loïs, fuselée comme jamais dans une robe courte à dos nu. Un morceau de tissu tout bête, mais qui parlait de ses formes mieux qu'un long discours. Ça n'avait pas échappé aux deux abrutis qui lui collaient aux fesses. Sa déception était à la hauteur de son attente. Difficile de passer sur un truc pareil sans réagir. La Thalia d'avant n'aurait jamais laissé faire. Elle se serait emportée contre les intrus et la retardataire. Mais là, emberlificotée dans les mailles d'un filet aussi tendu que la robe de Loïs, elle s'était sentie prise au piège.

— T'aurais pu prévenir ! Je t'ai laissé, genre, trente messages... avait-elle quand même attaqué.

— On a commencé à parler, avait répondu Loïs d'une voix plaintive en désignant son escorte, tu sais comment je suis ! On se rattrapera...

Non, Thalia ne savait pas comment elle était, mais le sourire qui accompagnait ces mots-là lui donnait envie de l'apprendre. Il était craquant et avait même l'air sincère. Tout pour lui assurer l'impunité.

— Ouais ! On s'en fout du film. Ça vous dit d'aller boire un coup ? avait demandé l'un des deux gorilles.

Loïs avait applaudi des deux mains et Thalia avait suivi le mouvement en ruminant sa peine et sa colère. Son amie, la voyant si contrariée, avait fini par congédier les indésirables de manière tellement effrontée que Thalia en avait oublié tous ses griefs. Il lui avait suffi d'affirmer qu'elle en avait marre d'eux, qu'ils pouvaient se tirer au lieu de jouer les pots de colle et ils s'étaient barrés en les couvrant d'injures.

Cette fille était décidément démente.

V

Paul

— Vous allez devoir mener un combat intime. Lutter contre le péché qui est en vous et qui vous ronge.

Matthieu est au centre du cercle et nous fixe l'un après l'autre. Nous sommes assis sur des chaises et nous l'entourons, un petit carnet et un crayon sur les genoux. Pour l'instant je ne fais que les tripoter, incapable d'écrire quoi que ce soit. Je jette un œil en direction de Laura, ses pages blanches se remplissent vite, au fil des mouvements de son poignet. Les paroles prononcées par notre guide spirituel, comme il se désigne lui-même, s'alignent en rangs serrés. Elle a le profil de la bonne élève, le style première de la classe. Petit carré brun sur lunettes fines, genoux joints et jupe sage. Que fait-elle ici ? Je n'arrive pas à l'imaginer avoir des pensées contre-nature. Encore moins actrice de scènes répréhensibles. Elle me fait penser à mes sœurs et cette idée m'est insupportable. Bizarrement, malgré les autres, présents dans cette pièce avec moi, je me sens très seul. Je n'ai pas encore eu l'occasion d'échanger avec eux. Je suis le plus jeune et me sens plutôt mal à l'aise face à eux, dont le chemin est déjà entamé.

Il y a Danny, un homme d'une trentaine d'années, et dont l'alliance qu'il a au doigt suggère qu'il est marié mais qu'il s'est égaré en dépit du serment fait devant Dieu. Il y a aussi Ludovic, la vingtaine, la mèche et le regard noirs, qui jamais ne décroche un sourire. Ses sourcils sont perpétuellement froncés, il semble concentré à l'extrême, désireux sans doute de saisir toute la portée de ce qu'énonce Matthieu. Enfin il y a Émile, un quadragénaire au visage rond, aux yeux inquiets, à la calvitie bien entamée, qui ne cesse de croiser et décroiser ses jambes malgré les remontrances de Matthieu qui veut par la même occasion développer notre masculinité, et notamment le maintien qu'un homme se doit d'avoir en société.

Moi, j'arrive chaque fois un peu à la bourre, après mes cours, et je me glisse parmi eux, dans ce cercle où nous nous souhaitons la bienvenue avant d'entamer la session du jour. Un thème par rencontre, c'est la règle, chacun étant libre de faire ou non part de ses expériences, de ses attentes ou de ses angoisses.

Je m'aperçois vite que le silence n'est pas souhaité, Matthieu le rappelle sans cesse :

— Vers le Vrai est un groupe de parole. Alors, bien sûr, nous n'obligeons personne, mais c'est en vous exprimant que vous pourrez le mieux vous débarrasser de toutes ces mauvaises idées qui vous agitent, vous infestent et vous pervertissent.

Le ton est grave, le moment solennel : nous ne devons pas l'oublier. Je ne risque pas de l'oublier. Surtout lorsqu'il se tourne vers moi, le petit nouveau, et qu'il me pose la question que je redoute :

— Et toi, Paul, tu nous racontes ?

***

Au fil des semaines, j'attendais les cours de théâtre avec une impatience grandissante. Estelle m'avait fait la réflexion en rigolant que je n'avais plus que ça à la bouche. Elle était très fière d'avoir pu libérer cette passion chez moi, qui, visiblement, ne demandait qu'à s'exprimer. Et c'est vrai que j'adorais les séances qui nous rassemblaient, Camille, Jules, Pauline, Olivia, Thomas, Estelle et moi. Qu'il s'agisse d'impro, comme lors de la première séance, ou de textes empruntés à de grands auteurs, Simone Legavec nous apprenait à poser notre voix, à bouger notre corps, à transmettre les émotions. J'adorais ça. C'était comme travailler une matière dont j'avais jusque-là ignoré l'existence et qui, d'un coup, se révélait à moi. J'allais puiser à l'intérieur – au fond de mes tripes, comme disait la prof – des sentiments, une force ou au contraire des fragilités qui me constituaient depuis toujours sans faire de bruit, et que je laissais enfin s'épanouir.

— Le théâtre est un puissant révélateur de soi, affirmait notre enseignante.

Peu lui importait au final la qualité de la prestation, si on pouvait se défaire des freins qui nous entravaient. Crier, pleurer, rire, murmurer ou se taire... tout était permis s'il s'agissait de la vérité du personnage qu'on incarnait.

Dans notre petite troupe, Camille était la plus timide, elle ne parlait jamais assez fort ; Jules, lui, avait toujours du mal à adopter le ton juste mais il n'avait peur de rien ; Pauline avait une mémoire d'éléphant et pouvait réciter les tirades les plus complexes sans jamais se tromper ; Olivia avait un défaut de prononciation qu'elle s'évertuait à combattre avec un courage qui forçait l'admiration ; Estelle me surprenait par sa gouaille qui emportait l'adhésion quel que soit l'exercice.

Thomas était le meilleur.

Il pouvait aussi bien se montrer fin dans son interprétation qu'être un cabotin fini. Il adorait se déguiser et débarquer sur le plateau vêtu d'accoutrements plus improbables les uns que les autres. Dès qu'il apparaissait, je n'avais d'yeux que pour lui. Il dégageait une aura qui me fascinait. J'enviais son talent, son aisance. Il se déplaçait avec suavité, ce n'est peut-être pas le bon mot, mais c'est celui qui me vient à l'esprit en pensant à sa façon d'évoluer. Ses mouvements avaient de l'élégance, une grâce puissante dont il se servait aussi pour complexifier le rôle dont il s'emparait. J'aurais voulu passer plus de temps avec lui pour comprendre d'où lui venait cette agilité à se glisser dans d'autres peaux. À les faire exister si pleinement. À la légèreté de ses gestes venait s'adjoindre un large éventail de timbres qu'il mettait au service de ses personnages. Sa voix passait du grave à l'aigu sans que jamais le fil de son propos ne s'en trouve trahi. Le voir bouger, l'écouter parler était grisant. Il donnait l'impression que jouer était une évidence, un don naturel qu'il redistribuait sans même y penser. Quelque chose pourtant m'empêchait de lui poser directement toutes les questions qui m'assaillaient. J'aurais tellement aimé percer le mystère de son savoir-faire. Depuis combien de temps faisait-il cela ? Voulait-il en faire son métier ? Comment arrivait-il à être aussi juste ? Pour moi, il ne faisait aucun doute qu'il avait tous les atouts pour réussir dans cette voie. Bizarrement, je ne trouvais pas forcément chez les autres le même enthousiasme à son égard et quand j'en parlais avec Estelle, elle ne comprenait pas que j'éprouve autant d'admiration.

— Camille est bien meilleure que lui ! Bien meilleure que nous tous, d'ailleurs. Il te suffit de l'écouter, non ? C'est l'évidence, Thomas bute souvent sur les mots et compense par beaucoup d'esbroufe. Moi, je trouve qu'il en fait trop. Et je ne suis pas la seule.

— Je ne suis pas d'accord avec toi. Il peut être qui il veut. C'est un vrai talent d'acteur ça, non ?

Elle faisait la moue. Je ne saisissais pas ce qu'elle lui reprochait. Il me semblait parfait dans chacune de ses interprétations. Estelle avait beau remettre en cause mon engouement, je ne voyais ni n'entendais jamais rien qui puisse clocher. Si bien qu'à force de l'encenser, j'en étais même venue à l'énerver :

— Thomas par-ci, Thomas par-là ! Tu n'as que lui à la bouche. Tu me gaves ! Demande à Mme Legavec ce qu'elle en pense et tu verras. Et puis, il mélange souvent tout et n'importe quoi : rouler des mécaniques et jouer, c'est pas la même chose. Moi, il me saoule !

À partir de là, je décidai de garder mes impressions pour moi. Mais lorsque la lumière s'éteignait et que Thomas entrait sur scène, je sentais mon ventre se contracter. Pourtant, si j'étais honnête avec moi-même, les remarques d'Estelle n'étaient pas sans fondement : je prenais conscience des faiblesses de son jeu. C'est vrai qu'il en faisait parfois trop, que ses mimiques et ses intonations flirtaient avec le *too much*. Mais, alors même que ses défauts m'apparaissaient, il me semblait que ce qu'il perdait en exactitude, il le gagnait en liberté. Son corps se déployait et il habitait l'espace. Il irradiait. Alors que j'aurais souhaité m'en détacher, être plus critique à son égard, il captait mon regard pour ne plus le lâcher. Sa présence était un aimant dont je ne comprenais pas les ressorts. En m'améliorant moi-même – même si j'étais encore un pur novice – je détectais toutes les réserves émises par Estelle, voire par la prof, qui ne se privait pas de le reprendre lorsqu'il dépassait les limites et tombait dans l'outrance. Pourtant je le fixais, comme hypnotisé. C'était insupportable mais irrépressible. Je ne m'expliquais pas d'où me venait cette fascination que je n'arrivais pas à refréner... Les autres avaient fini par s'en rendre compte et ça m'ennuyait. Mais impossible de faire autrement. Thomas semblait être le seul à ne pas voir que ses prestations me soulevaient littéralement de ma chaise.

Mais je me trompais. Un soir, alors qu'il ne m'avait accordé jusque-là que peu d'intérêt, cherchait plutôt à m'éviter – à mon grand regret –, il m'a demandé de l'attendre à la fin du cours. J'étais aussi heureux qu'interloqué par cette invitation surprise. Pour rien au monde je ne l'aurais zappée. Je n'avais pas encore compris à quel point j'aurais dû fuir...

VI

Thalia

Les feuilles jetées en travers de la table de la cuisine prennent toute la place. La tête entre ses mains, le corps sanglé dans une robe de chambre aux fleurs passées, Violaine se tient immobile. Absente à ce qui l'entoure. Un verre d'eau à moitié vide et une plaquette de médicaments entamée pour seuls compagnons.

— Maman ? Oh ! Maman ! Je te parle !

Thalia donne de la voix contre cette statue qui refuse de bouger. Sans effet. Sa mère ne bronche pas, ou à peine, seuls ses yeux glissent sur le papier, comme s'ils essayaient de percer la logique d'un mystérieux jeu de cartes. L'adolescente regarde elle aussi cet éventail de paperasse qui s'étale.

— C'est quoi ce bordel ? demande-t-elle, espérant qu'en lâchant un gros mot elle obtiendra une réaction.

Même pas. En tout cas, pas celle espérée. D'un mouvement énervé du bras, Violaine envoie tout balader sur le lino bleu et grogne sourdement, comme pour elle-même :

— Ils ne veulent rien savoir… Des années que je me bats… pour rien. Je le hais, ce sale con. Il m'a pourri la vie. Et maintenant il fait tout pour que je n'aie rien. Rien du tout. C'est fini.

Au « sale con », Thalia a reculé d'un pas. Encore. Sa mère ressasse, rumine, radote. Il lui suffit de ramasser une feuille échouée à ses pieds pour vérifier. La date en haut à droite ne ment pas. Août 2020. Plus d'un an que le verdict était tombé, que le conseil de prud'hommes avait tranché en faveur de son patron, plus d'un an qu'elle n'en démordait pas, qu'elle ne voulait rien entendre. Au début elle devait faire le deuil de son boulot, se remettre de l'échec de l'action intentée, retrouver l'envie d'avancer, s'inscrire à Pôle emploi, se mettre à chercher un nouveau job... Mais les semaines avaient tiré sur les jours, les mois sur les semaines et le confinement n'avait rien arrangé. Il avait été aussi une excellente excuse pour rester les deux pieds dans ses chaussons et ne rien entreprendre. Depuis plus d'un an, sa mère se lamente, geint et se plaint sans jamais chercher à rebondir. Son père a rendu les armes depuis longtemps et, lorsqu'il est là, la regarde s'étioler sans rien dire, comme s'il ne la voyait même plus.

— Putain, maman, tu fais chier !

Thalia passe à l'offensive, enchaîne les grossièretés. Avant, jamais Violaine n'aurait laissé passer. Elle était à cheval sur la langue, sur le poli et le qu'en-dira-t-on. Mais ça aussi, c'est fini.

— Thal' ! Comment tu parles !

C'est Arthur, exilé dans le salon pour goûter, qui rapplique, un pain au chocolat à moitié croqué à la main. C'est lui qui prend le relais pour mettre le holà. Effrayé sans doute par la liberté langagière de sa sœur.

— Ah ! T'es là toi ! lui lance-t-elle avec un sourire contrit. Désolé, Art', je voulais pas t'abîmer les oreilles.

Mais il n'écoute plus, il avise les documents répandus sur le sol et reporte son attention sur leur mère, son visage défait et son regard vitreux.

— Maman… qu'est-ce que t'as ?

Il pose la question, comme s'il la découvrait subitement. Comme si, du haut de ses huit ans, il décelait enfin un problème dans cet ersatz maternel. Jusqu'à présent les passages à vide de Violaine, ses lamentations, ses crises de rage ne lui étaient pas apparus clairement. Parce qu'elle résistait malgré tout, arrivait à faire les courses, les repas, s'habillait parfois pour sortir, faisait la conversation… Disons que le petit garçon s'accrochait à tout ce qui pouvait ressembler à ce qui était normal, même si ses souvenirs d'avant ses cinq ans, lorsqu'elle travaillait encore, restaient flous. Il s'était surtout habitué à faire avec ce qu'elle lui donnait, même si ce n'était pas grand-chose. Mais là, face à l'hécatombe de feuilles, quelque chose se dévoile, le décor passe aux aveux et ça lui fait froid dans le dos.

— Maman, qu'est-ce que t'as ? répète-t-il en se précipitant maintenant vers celle qui a basculé contre la table, entre ses coudes repliés.

Il lui passe ses petits bras autour du cou, cherche à la secouer, à la faire revenir. Thalia, ça lui soulève le cœur. D'habitude ça ne va pas jusque-là, Violaine se reprend à temps, retrouve un semblant de dignité, relève la tête et donne le change. Quelques mots suffisent. Mais là, rien. C'est pathétique et insupportable.

Une colère démesurée gonfle la poitrine de la jeune fille, une marée insensée se lève en elle. Elle s'avance d'un pas lent, d'une allure qu'elle contient de peur de laisser s'exprimer la violence qu'elle ressent, à la lisière de chacun de ses mouvements. Elle s'approche et agrippe son petit frère, le tire en arrière, avec des mots qui jaillissent tels des jets de pierre :

— Laisse-la ! Ça ne sert à rien... elle ne sert plus à rien.

Sa mère ne réagit pas, accepte la sentence dans un soupir brisé.

— C'est pas vrai ! C'est pas vrai ! hurle Arthur en se débattant comme un diable. T'es méchante Thal' ! T'es horrible !

Elle est obligée de le lâcher, de reculer, de se protéger le visage des attaques du gamin, des ongles et des poings qui dérapent dans le vide, mais elle n'arrive pas à s'en vouloir. Elle voudrait pourtant. Elle devrait, tout simplement. Parce qu'Arthur a raison, ce qu'elle vient de proférer est infâme, parce que sa mère n'a pas toujours été cette femme, dépassée et dépressive. Elle a été vivante et énergique. Aimante aussi, sûrement, même si Thalia a plus de mal à s'en souvenir. Ça fait longtemps maintenant qu'elle la voit s'enfoncer. Là, elle voudrait seulement que ce soit sa mère qui se lève, qui la gifle, qui la remette à sa place. Sauf que non, Violaine s'affale un peu plus, se répand comme le ferait une ombre sans corps, un fantôme. C'en est trop.

Thalia quitte la pièce à reculons, chancelante, éprouvée par les mots de son frère, anéantie par l'inertie de sa mère. Elle abandonne la partie. Elle a raison, rien ne sert plus à rien. Et ça lui tord le ventre, essorage puissance mille.

Dehors, le souffle du vent lui balaye les cheveux. Dommage que ça ne marche pas pour les pensées. Elle s'assoit sur la marche, le dos contre la porte. Dans un geste quasi réflexe, elle sort son téléphone de la poche arrière de son jean. Un message. C'est Loïs.

T'es dispo ce soir ? Mes vieux sont pas là. Je t'invite ma poulette. T'es OK ?

Ce texto, c'est pile celui qu'il lui fallait. L'inattendu, le merveilleux. Invitée chez sa petite amie, à l'improviste. Une surprise taille méga. Un sourire vient se percher entre ses joues, impossible à retenir. Elle évacue dans la seconde ce qu'elle vient de subir et de faire subir. Elle repense à ce matin, avec la phrase de Rousseau en guise de mise en bouche à cette journée tordue. Le désir. Son désir. Elle a failli l'oublier avec toute cette dépression contagieuse. Peut-être qu'il est temps de le mettre à l'épreuve de la vérité. Peut-être que ce soir elles vont le faire. Pas de parents, pas de limites. Rien que toutes les deux. Elle ne voit pas ce qui pourrait les en empêcher. Ce qu'elle vient de vivre l'incite à ne plus faire patienter ses sentiments. Pour quoi faire ? Ras le bol de la tristesse qui contamine cette baraque. Elle veut du rire, du joyeux, de l'aérien, Thalia. Elle veut vivre ses dix-huit ans. À plein.

Elle se relève, époussette vaguement son pantalon, rentre la moitié de son corps dans la maison, sans ôter la main de la poignée et prévient :

— J'vais dormir chez une copine. Vous occupez pas de moi. À demain.

Pas besoin d'attendre la réponse, pas envie de ne pas l'entendre. Elle grimpe sur son vélo, balance un « oui » majuscule à Loïs d'une glissade enjouée du pouce avant de se lancer à l'assaut de sa rue. Elle a juste le temps de voir Arthur, posé sur le seuil de la maison avec son chagrin. Un pincement au cœur, un petit geste de la main pour au revoir mais elle décampe déjà. Avec, en tête, la pensée réjouissante qu'elle n'a pas pris de pyjama et que c'est un signe qui ne peut pas tromper.

VII

Paul

Raconter.

Raconter quoi ? Raconter comment ? Avec quels mots ? Dire toute la vérité ou mentir pour sauver les apparences ? Et par quoi commencer ? Remonter à la source ? La première fois que ? La première fois où ? Qu'est-ce que j'en sais ? Comment être sûr ?

C'est tellement dur. Se livrer à Matthieu, à ces gens qui, même s'ils ne sont pas là pour me juger, me fixent à s'en décrocher les rétines. Je me ratatine sur ma chaise avec le désir fou de disparaître. Peut-être que si je ne dis rien, la faute que je suis venu expier va s'évaporer. Se dissoudre dans un passé flou. Mais ça ne marchera pas. Elle est incrustée dans ma chair. Je suis à VLV pour m'en débarrasser. Il faut qu'elle sorte, qu'elle se répande, qu'ils s'en emparent pour mieux la disséquer et la réduire à néant. Alors que je cherche à m'encourager à seulement ouvrir la bouche, à faire sortir un son, tout se contracte en moi, et un bruit inaudible se faufile entre mes lèvres. Incompréhensible. Même pour moi. C'est tout ce dont je suis capable. Matthieu avance la main vers moi, la pose sur mon épaule :

— N'aie pas peur, Paul, nous ne sommes pas là pour te juger, me confirme-t-il, mais pour t'accompagner, pour te sauver. Tu es une victime, ne l'oublie pas.

Victime. Le mot me heurte. Si je suis une victime, c'est qu'il y a un coupable. Moi ou... ? Un tremblement nerveux s'empare de mes mains.

— Dis-nous quand tu as ressenti les premiers symptômes. À quelle occasion était-ce ? Dans quelles circonstances ? Avec qui ?

Matthieu me presse de questions, son débit s'accélère pour mieux m'obliger à répondre, à expliquer. Je ne peux plus reculer. Je déglutis. Il n'y a aucune raison pour que j'échappe à cette torture qu'il nous inflige pour notre bien. Torture... Non, ce n'est pas le bon mot, même si l'exercice est pénible. Il s'agit d'une aide, d'une écoute confiante, compassionnelle. Notre guide spirituel nous l'a suffisamment répété. Il faut souffrir pour guérir. Mais dire à voix haute à ces presque inconnus ce qui relève de mon intimité la plus profonde, la plus inavouable, la plus complexe ?

Les autres ont pourtant donné l'exemple. Laura a parlé de ses pensées impures pour une fille de son campus, d'attouchements furtifs dans une chambre étudiante, sans aller beaucoup plus loin, c'était déjà très explicite. Danny, moins dans la retenue, a exposé ses nuits loin de sa femme dans des bars gays où il a trop longtemps multiplié les liaisons sans lendemain et sa volonté, maintenant, de se purifier de ses péchés. Ludovic, lui, a lentement remonté ses manches pour nous laisser voir les scarifications qui rayent ses bras. « Je me suis déjà puni tout seul. Je n'ai pas besoin qu'on me fasse la leçon », a-t-il seulement marmonné en rentrant la tête dans ses épaules dans un mouvement de protection, tout en avouant qu'il avait besoin d'aide. Émile, lui, d'une voix bien trop fluette pour son gabarit, n'a proféré que des propos décousus, parlant d'écarts de conduite, de désirs coupables, de violences masculines dont il aurait été l'objet, sans entrer dans les détails.

Un par un, ces récits m'ont heurté, sont venus s'agréger à ce que j'avais vécu comme pour mieux en souligner l'erreur. Charger ma culpabilité. Et puis Matthieu s'est tourné vers moi. C'est mon tour. Il veut savoir, il veut comprendre. Il ne suffit pas d'acquiescer, il faut creuser, aller dans le dur, prouver ce qu'on allègue. Justifier sa présence à VLV. Je n'ai pas le choix. C'est moi qui ai choisi d'être là, non ? J'ai l'impression de me jeter d'un pont, aspiré par un vertige sans fond.

— Au début je ne savais pas. J'étais dans le flou. La première fois je n'ai pas compris. C'est seulement après que je me suis perdu...

Mais ce verbe sonne archifaux. Parce que c'était bien plus qu'un simple sentiment de perte de repères. Il faudrait que cela ne soit rien d'autre qu'une histoire sans conséquence. Un simple dérapage. Une embardée. J'aimerais pouvoir l'affirmer, m'en tenir à cette version. Je voudrais tellement. Mais je ne peux pas mentir. Pas ici. Dans ce groupe où la franchise est de mise, vecteur essentiel de notre guérison. Je me dois d'être sincère si je veux avoir une chance de m'en sortir. Je veux y croire. Je dois y croire.

— Va doucement, ne brûle pas les étapes, m'encourage Matthieu d'un timbre si doux qu'on dirait une comptine. Cette première fois, c'était quoi ? C'était comment ?

Matthieu remet le curseur à la bonne place. Au commencement. Ça me rassure. Je n'ai pas encore besoin de m'exposer trop vite trop fort. Je peux me contenter du début... Il faut que j'arrive à rassembler mes idées, à revenir deux ans en arrière, lorsque rien ne pouvait me laisser supposer que j'avais un problème. C'est pourtant à cette époque que l'alarme s'est déclenchée. Sans que j'en sois conscient. Un avertissement que j'ai refusé d'entendre.

— C'était pendant un cours de théâtre. La première fois...

***

Après le cours de théâtre, Thomas m'attendait au coin de la rue, négligemment appuyé contre un mur. Il faisait froid et il avait remonté son écharpe sur son nez, enfoncé son bonnet sur son crâne. Entre les deux textures laineuses, seul son regard se détachait. Une lueur vive s'en échappait alors que je m'approchais de lui, curieux de savoir ce qu'il souhaitait me dire. Un peu nerveux aussi. Ce serait notre premier vrai échange depuis que j'avais intégré la troupe. Un tête-à-tête auquel j'aspirais. Je me rendais compte, en allant à sa rencontre, que j'attendais ce moment depuis que j'avais posé mes yeux sur lui. Je voulais mieux le connaître, saisir la vraie personnalité qui se diluait dans celle de ses personnages. Qui était-il ? Je n'en savais rien finalement. Cette invitation surprise me remplissait de joie, parce que moi je n'aurais jamais osé l'aborder. C'était d'ailleurs complètement ridicule ! Jusqu'à lui, je n'avais jamais hésité à accoster quelqu'un, encore moins un élève dont je partageais le cours. Mais avec Thomas c'était différent.

Il m'impressionnait. À côté de lui, je me sentais stupide. Je perdais tous mes moyens.

Avant de l'aborder, j'ai eu le temps de repérer Estelle, elle était avec Camille et Jules, déjà attablés à la terrasse du Carpi sous une grosse lampe chauffante. Mais alors qu'ils riaient ensemble, elle semblait en retrait. En fait, elle ne me quittait pas des yeux. J'ai cru discerner une inquiétude sur son visage, à moins que ce n'ait été un reproche dessiné dans l'arc de ses sourcils. Je n'avais pas le temps de m'appesantir. La priorité c'était Thomas et ce qu'il voulait me dire. C'est vrai qu'on aurait pu se retrouver au café nous aussi, avec les autres. Mais le fait qu'il me demande de le rejoindre, solo, me réjouissait. Comme s'il allait me confier un secret ou me proposer un truc qu'il préférait ne pas ébruiter. Simone Legavec avait commencé à parler du spectacle de fin d'année et devait nous présenter la semaine suivante la pièce qu'elle avait retenue. Peut-être qu'il savait quelque chose. Peut-être qu'il voulait que je joue un rôle à ses côtés. Après tout, j'avais fait pas mal de progrès depuis mes débuts, si j'en croyais ce que disait la prof. Estelle me faisait même répéter les passages qui me posaient problème. Finalement, c'était assez efficace. J'étais plus à l'aise. Moins coincé. La compagnie de mes camarades de scène me faisait du bien, je le sentais. Quant à Thomas, sans le savoir, il me poussait à me dépasser.

— Tu voulais me dire quelque chose ?

Je souriais, ravi de venir à lui, convié par lui. J'ai vu sa main débouler vers mon manteau, sans prévenir, en agripper le col et me pousser à l'ombre de la bâtisse à laquelle il était adossé. Ma tête a heurté la pierre et j'ai bafouillé :

— Ça va pas ? Qu'est-ce qui te prend ?

Son geste express et la violence avec laquelle il m'avait déplacé me ligotaient les idées. C'était quoi son problème ? Qu'est-ce que je lui avais fait ? Son visage à moitié dissimulé derrière ses fringues d'hiver, ses iris étincelaient : ils m'ont embroché comme deux sabres laser. Mais ce n'était rien à côté du choc produit par ses mots :

— T'as fini de me mater, sale petit PD ? Tu arrêtes ou je t'en colle une.

Je n'ai pas compris tout de suite ce qu'il voulait dire. Qu'il s'adressait à moi. Que l'insulte qu'il venait de proférer m'était destinée. Qu'il pensait ce qu'il me crachait à la figure. Je n'arrivais tout simplement pas à faire le lien entre l'injure et moi.

Cinq secondes se sont écoulées sans que ni l'un ni l'autre ne bougent. Nous étions tellement proches que je sentais son souffle mentholé glisser sur ma peau. Quand il a enfin relâché le bout de tissu qu'il tenait toujours entre ses doigts, il a accompagné son geste d'un mouvement du poignet pour me rejeter encore davantage. Il transpirait le mépris.

— Mais... non... je... Comment tu peux dire un truc pareil ? ai-je bégayé, à court de répliques cohérentes. Il restait devant moi sans parler, comme pour mieux apprécier l'effet de sa tirade. Alors j'ai sorti l'arme fatale, indiscutable à mon sens :

— Je sors avec Estelle !

Un bruit a jailli d'entre les mailles de son écharpe, une sorte de glapissement qui devait être un rire.

— Si tu crois que tu peux nous entuber avec ça !

Il a secoué la tête en me pointant du doigt :

— T'es prévenu maintenant. Tu te calmes ou tu morfles.

Et il est parti. Il a déroulé ses grandes jambes et, de son allure inimitable, il a quitté mon champ de vision. Je ne sais pas où il est allé, mais moi je suis resté contre le mur, incapable de quitter cet appui providentiel. Sans lui je n'aurais pas tenu debout deux secondes. Le mot qu'il avait prononcé résonnait en moi, on aurait dit un gong acide répandant son venin dans mes membres, mes veines. Ma colère, ma déception étaient telles que je n'ai pas vu arriver Estelle.

— Qu'est-ce qu'il y a ? Qu'est-ce qu'il t'a dit ? Tu pleures ?

— Non je ne pleure pas !

J'ai crié. J'ai crié contre elle qui ne m'avait rien fait et qui accourait à mon secours. Pourtant elle avait raison, les larmes encombraient ma cornée, brouillaient tout sur leur passage. Je les ai essuyées d'une main énervée. Je tremblais encore un peu.

— Paul ?

Estelle s'entêtait, voulait savoir, cherchait à comprendre. Je me suis dit que la franchise me libérerait de ce que je venais de subir, que j'effacerais l'outrage, qu'on en rigolerait ensemble et que tout redeviendrait normal, comme avant, mon admiration pour Thomas en moins.

— Il m'a traité de PD.

J'ai murmuré de peur que quelqu'un d'autre ne surprenne les deux lettres accolées qui signaient l'infamie. Le déshonneur. Estelle allait s'esclaffer, le maudire, m'entraîner vers le café, boire à la santé des cons.

Elle n'a rien fait de tout cela. Elle m'a attiré contre elle et m'a serré dans ses bras. Très fort, très vite avant de me relâcher. L'air sur son visage n'avait rien de joyeux, il était douloureux. Elle m'a dit :

— Ce n'est pas grave, tu sais...

Alors je l'ai haïe. Instantanément. Et pour longtemps.

VIII

Thalia

Elle file, Thalia. Ses jambes s'activent, font tourner les pédales, accentuent la cadence. Dans ses oreilles le bruit du vent fuse et se lisse, comme un voile protecteur. Elle voudrait s'y glisser entièrement pour mieux échapper à ce qu'elle vient de quitter, oublier l'image de sa mère vautrée sur la table, ne plus penser au chagrin de son petit frère, se concentrer uniquement sur son but. Quatre lettres et un sourire, quatre lettres et un corps. Loïs.

Après les rendez-vous d'approche, pour être ensemble et se découvrir, elles étaient vite passées aux frôlements, de ceux qui effleurent sans s'attarder, suffisants pour électriser la plus infime parcelle de peau. Presque par hasard, leurs doigts ou leurs mains se trompaient de chemin et s'attardaient sur le bras, l'épaule, la cuisse de l'autre. Loïs plissait les yeux, interrogation muette qui n'appelait pas de réponse. Tout était dans le geste encore inachevé, encore un peu timide de Thalia. Lorsque c'était Loïs qui prenait les devants, il montait en Thalia une chaleur impossible à contenir, qui s'évasait dans son cou, s'étoilait sur ses joues, irradiait ses prunelles.

Elles savaient l'une comme l'autre que les sensations provoquées n'étaient que les prémices, les essais arrêtés d'un contact plus intense à venir. Mais sans se concerter, elles faisaient durer le plaisir, jouaient avec, s'amusaient à créer ces feux éphémères qui les réjouissaient. Elles avaient le temps. Mais le temps adolescent n'est pas étirable à l'infini et Thalia souhaitait mettre fin à l'expérience. Aller plus loin pour vérifier que Loïs était bien sur la même longueur d'onde qu'elle. Bien sûr, elle avait peur. Elle craignait que, poussée dans ses retranchements, sa belle recule devant l'obstacle, refuse de sauter le pas. Mais elle n'arrivait pas à y croire et l'envie était trop forte pour renoncer.

Un après-midi, la semaine pile avant la rentrée, Loïs et elle s'étaient retrouvées pour faire du lèche-vitrines dans les rues de leur ville. Thalia s'attardait devant les fringues qui lui faisaient de l'œil, cette jupe mini qui brillait au soleil de quinze heures, ce petit haut à franges qui chatouillait pour rien le nombril du mannequin.

— J'adore les paillettes ! minaudait-elle en remontant les épaules pour mieux s'affranchir d'éventuelles critiques.

— C'est ton côté starlette ! Pff ! Moi, y a rien qui me plaît. C'est trop sage. Viens, on va aller voir à La Friperie, c'est à côté.

Les deux filles s'étaient introduites dans une minuscule boutique de la rue Coursarlon, encombrée de portants courbés sous la profusion de vêtements. Des hauts, des bas, des robes, pas forcément de première jeunesse, mais éclatants de couleurs. Loïs, d'un mouvement d'habituée, feuilletait les cintres comme elle l'aurait fait des pages d'un livre.

— Pas ça, pas ça. Argh ! sûrement pas ça...

Rien ne semblait lui convenir. La moue qui soulignait chacun de ses rejets faisait mourir de rire Thalia. Elle avait fini par s'arrêter sur une veste blanche à motifs. D'étranges lignes rouges s'agitaient dans tous les sens, offrant au tissu une impression de peau ensanglantée.

— Ah, voilà un truc intéressant ! s'était-elle exclamée en s'en emparant et l'enfilant dans la foulée.

Se pavanant avec drôlerie dans sa nouvelle tenue, Thalia trouvait que ça lui allait plutôt bien, surtout lorsqu'elle avait relevé le col, large, sous ses oreilles. Le reste de son visage, museau mutin, semblait surgir comme un cadeau.

— On dirait un médecin légiste dans le corps de l'un de ses patients... avait blagué Thalia d'une voix d'outre-tombe pour tenir à distance son émotion.

— Un de ses patients ? Tu veux dire... un cadavre ?

Un hochement de tête avait suffi pour lui faire ôter la veste.

— Quelle horreur ! J'en veux plus !

Elle s'était débarrassée de l'habit comme s'il lui brûlait les doigts, et elles s'étaient jetées dehors en gloussant à la façon de deux gamines. Elles riaient encore lorsqu'elles s'étaient engagées dans l'escalier George-Sand, passage sombre et étroit qui reliait deux niveaux de la cité. À mi-hauteur, elles s'étaient arrêtées pour reprendre leur souffle. Loïs contre le mur, Thalia sur une marche. Elle avait tourné la tête vers sa copine, si proche tout à coup, à seulement quelques centimètres, avec ses cheveux blonds en désordre, sa bouche entrouverte, sa poitrine gonflée. Thalia n'avait pas pu résister, elle n'avait eu qu'à pencher le buste vers elle. Et il y avait eu ses lèvres contre les siennes. Un instant, un instant seulement, un instant d'infinie douceur.

Loïs la repoussait déjà, les yeux agrandis, faussement étonnés, faussement fâchés :

— Qu'est-ce que tu fais ?

— Je t'embrasse. Ça t'embête ?

Loïs la contemplait, semblant réfléchir à la question, peser le pour et le contre. Elle la faisait mariner. Exprès. Peut-être parce qu'elle était déçue d'avoir été prise de vitesse. Peut-être parce qu'elle voulait la faire douter. Va savoir...

— La vérité ? Non !

Son sourire avait explosé dans la pénombre de l'escalier. Un coup d'œil à droite, un coup d'œil à gauche, s'assurant que personne n'était dans les parages :

— On recommence ?

Et sans plus attendre Loïs plongeait sur Thalia, l'enfermant entre ses bras. Un tendre encerclement auquel Thalia ne s'attendait pas mais dans lequel elle s'était fondue tout entière. Ce baiser, ce vrai premier baiser – le précédent, volé, n'ayant été qu'un pâle avant-goût – était un pur embrasement. Dans cette triste venelle au nom évocateur, les deux jeunes filles profitaient d'un moment de grâce. Offraient une échappée ardente à leurs deux silhouettes emmêlées.

Elles s'étaient écartées pour mieux se manger des yeux puis, une famille apparaissant en bas des marches, elles s'étaient envolées comme deux oiseaux moqueurs. Thalia était rentrée chez elle avec sur la langue une saveur inédite, un parfum d'interdit qui lui renversait la tête et les idées.

Une fougue nouvelle dans les veines qui, depuis ce jour, cet instant, cette seconde, ne l'avait plus quittée.

Aujourd'hui, si leur histoire reste secrète aux yeux des autres, Thalia la vit de plus en plus intensément. Elle rêve de la libérer de cette cachette intime où tient à la conserver Loïs. Parce qu'elle en est fière, parce qu'elle en est pleine. Si elle respecte le choix de son amoureuse, elle ne le comprend pas vraiment. Parce qu'elle n'est pas hétéro, leur liaison devait être dissimulée ? De quoi a-t-elle peur ? Thalia se sent prête à assumer, à faire taire les idiots, à donner tort aux médisants. À tous ceux qui, sous prétexte de normalité, de bienséance ou d'ignorance leur interdiraient de vivre leur passion au grand jour. De quel droit ? Alors qu'aujourd'hui le mariage pour tous est adopté, que tous les couples peuvent être égaux, on leur refuserait, à elles, d'être ensemble ?

Stupide et impensable ! Mais Thalia tait ses colères, remise ses arguments, ligote ses impatiences. Parce qu'elle ne veut surtout rien gâcher du lien qui les unit. Loïs est comme la mer. Elle s'éloigne, revient, dans un tempo de marées si insaisissable que Thalia en a des vertiges.

Mais cette fois pourtant, alors qu'elle s'élance vers Loïs, elle y croit. Parce que c'est elle qui l'appelle, parce que les baisers échangés se sont multipliés, parce que son désir est puissant, parce qu'elle le sent dans ses tripes. Parce que le soleil, là-bas, qui se couche sur l'horizon, l'éblouit de promesses.

Enfin l'immeuble de Loïs se dresse devant elle, forme rectangulaire qui s'élève à contre-jour, crevant le ciel de toute sa hauteur. Elle lève les yeux vers la fenêtre éclairée. C'est là, derrière cette vitre, que l'attend celle pour qui son cœur s'emballe. Un profil se dessine, un battant s'ouvre, un bras se tend, une main fait signe. Thalia lui répond, encore à cheval sur son vélo, déjà transportée tout là-haut. Un enchantement qui l'envole.

IX

Paul

— Merci pour ton témoignage, Paul.

Matthieu me sourit. Je suis exsangue. En leur livrant ce premier souvenir, celui du théâtre, de Thomas, de son insulte, j'ai l'impression d'avoir tout donné. C'est faux bien sûr. Ce n'est qu'un début, une sorte de galop d'essai. Pourtant je suis sur les rotules, comme après un marathon. Essayer de traduire en mots, en phrases, ce qui m'a traversé à l'époque, ce que les autres en ont compris et qui me semblait alors si éloigné de ma propre perception, est une véritable épreuve. Laura me regarde avec compassion. Elle a hoché la tête tout au long de mon laïus, comme si chaque parole que je prononçais la renvoyait à sa propre histoire. Les autres m'ont écouté, les yeux fixés sur leurs chaussures ou sans réaction particulière. Ils doivent connaître tout ça par cœur. Pour eux, c'est du domaine du déjà-vu. Pourtant, à la fin, ils me félicitent tous d'avoir réussi à partager ce qui me hante.

— Ensemble, nous allons prier.

Matthieu se place face à nous et étend les mains devant lui. Dans un mouvement qui tient du réflexe, nous baissons la tête et croisons les doigts.

— Notre Père, qui es aux cieux...

Nous reprenons avec lui dans un murmure collectif.

— Ne nous laisse pas entrer en tentation, mais délivre-nous du mal.

Notre guide spirituel donne de la voix sur cette supplique, la martèle même deux fois de suite contrairement à l'usage. Il veut qu'elle nous pénètre, que nous en ressentions le sens. La tentation... Cette menace qui nous guette à chaque pas, qui peut nous faire chuter, qui cherche à nous perdre.

— Soyez forts, soyez confiants. Dieu vous aime. Il ne veut que votre bien. Votre salut. Soyez sûrs qu'Il met tout en œuvre pour vous sauver du péché. Mais attention, vous devez vous maîtriser, vous devez être irréprochables si vous voulez que le Seigneur veille sur vous.

Ce qu'il dit me frappe. C'est la première fois que j'entends dans la bouche de Matthieu autre chose qu'un amour inconditionnel. Nous devons être vertueux pour mériter Sa clémence, voilà ce qu'il avance. Autrement dit, irréprochables. Il aurait pu dire parfaits. Mais comment atteindre cette perfection alors qu'en moi tout vacille ?

Je ne dois pas être le seul à m'interroger. Alors que la séance se termine sur les mises en garde de Matthieu, je me rapproche de Ludovic. La mèche qui couvre ses yeux m'empêche de saisir ce qu'il porte en lui. J'ai cependant deviné son mal-être malgré cet air arrogant qu'il affiche et avec lequel il espère donner le change.

— Tu crois qu'on va y arriver ?

D'un doigt fébrile il repousse sa chevelure pour me scruter. Ma question le déroute, il ne s'attendait pas à ce que je l'interpelle, alors que nous passons la porte qui donne sur la ruelle. Une ruelle modeste, une porte anonyme. Juste une étiquette écrite à la main, pas de sonnette. Quasi rien. Personne ne peut savoir ce qui se passe entre ces murs. Les échanges qui s'y déroulent doivent rester confidentiels.

— Et toi ?

Il me retourne la question. Effet boomerang.

— J'espère. Oui. Matthieu est là pour nous aider.

— Très bien alors. L'essentiel c'est d'y croire, non ? De croire tout court d'ailleurs.

Ludovic lève l'index et le majeur, collés l'un à l'autre, à la façon d'un évêque, avant de s'éloigner. Décontenancé, je n'arrive pas à interpréter son geste. J'ai peur d'y voir une ironie malvenue. Se pourrait-il que Ludovic ne prenne pas le groupe de parole au sérieux ? Mais que ferait-il là, dans ce cas ? Je le vois disparaître dans la nuit sans arriver à trancher. Danny, qui sort à cet instant, se penche vers moi et me glisse :

— Fais attention. Ludovic est habité par le Malin.

***

Il n'était plus, dès lors, question de théâtre. J'arrêtais tout. Incapable de recroiser celui qui m'avait si injustement gratifié d'un vocable aussi dégueulasse. Simone Legavec cherchait à en savoir plus, m'envoyait des mails auxquels je ne répondais pas. Elle m'avait même appelé, mais en voyant son nom s'afficher sur mon écran, j'avais éteint mon appareil et son message, plein de questions, était resté sans réponse. Elle avait fini par lâcher l'affaire et moi par passer pour un rustre malpoli. Tant pis. Estelle me raconterait plus tard qu'elle m'avait inventé une excuse bidon. Après tout, improviser, elle savait faire. Entre nous, en revanche, c'était devenu beaucoup plus pénible. Moi, j'aurais préféré ne plus la voir du tout, mais elle était partout dans les couloirs de ce foutu lycée, où nous passions tant de temps l'un comme l'autre. J'avais l'impression qu'elle me poursuivait avec son sourire démoli et ses yeux remplis de larmes, qu'elle surgissait constamment au coin d'une classe pour me mettre son chagrin sous le nez, alors que c'était moi l'offensé dans l'histoire. Pas elle. C'était moi qu'on avait insulté, calomnié. Ce qu'elle avait confirmé avec son « ce n'est pas grave, tu sais ! », comme si c'était une évidence, comme si elle avait toujours su qu'elle sortait avec un homo. Mais comment pouvait-elle ? Comme osait-elle ? Jamais je n'avais eu le moindre mot, le moindre geste, la moindre pensée allant dans ce sens. Comment l'aurais-je pu ? L'homosexualité avait toujours été un non-sujet chez moi. On m'avait toujours dit que ces gens-là n'étaient pas comme nous. Qu'ils souffraient d'une déviance morale et physique totalement inappropriée. Quand l'actualité mettait le sujet sur la table, ma mère pinçait les lèvres et mon père levait les yeux au ciel. En 2013, nous avions même, tous ensemble, participé à la Manif pour tous, pour dire combien nous ne souhaitions pas que l'institution du mariage soit profanée par des unions entre gens du même sexe. C'était tout simplement impensable, contraire à la loi naturelle et divine qui voulait que seuls un homme et une femme puissent s'unir en justes noces. Comment imaginer qu'il puisse en être autrement ? Nous n'étions pas de ceux qui se complaisent dans l'invective ou le mépris mais nous gardions nos distances face à des comportements qui défiaient l'ordre établi depuis toujours. Notre religion nous mettait heureusement à l'abri de telles dérives et il était évident, pour les miens comme pour moi, que ces personnes se fourvoyaient pour des raisons obscures. Alors pourquoi Thomas et Estelle se permettaient-ils de me comparer à elles ? De quel droit ?

Je me rappelle être rentré totalement fracassé ce soir-là. Le dîner qui nous avait réunis, mes parents, ma sœur Madeleine et moi, avait un goût de cendres. Je n'arrivais pas à avaler la moindre miette, tout me soulevait le cœur, les deux lettres-insultes toujours plantées dans ma poitrine m'empêchaient de respirer normalement.

— Ça ne va pas mon chéri ? m'avait demandé maman. Tu es tout pâle.

— Je... J'ai mal à la tête.

— Il y a une épidémie de gastro en ce moment. J'espère que ce n'est pas ça ! s'était exclamé papa.

— *Vade retro, Satanas* ! J'ai un bac blanc demain, hors de question de le louper, avait grimacé Madeleine en faisant mine de s'écarter de moi.

— Je vais aller me coucher... Je serai mieux au lit.

L'idée d'être malade un jour ou deux, de louper les cours et d'éviter Estelle ne me déplaisait pas, mais le stratagème ne résisterait pas longtemps à l'épreuve du thermomètre, je le savais déjà.

Secoué, j'étais monté jusqu'à ma chambre dans un état second. Beaucoup plus d'ailleurs que je ne l'aurais souhaité. Je n'avais rien à me reprocher. C'était eux qui voyaient le mal là où il n'y en avait pas. Je m'étais contenté de regarder, d'admirer le jeu d'un comédien que je jugeais talentueux. En quoi cela pouvait-il être répréhensible ? Pourquoi en tiraient-ils des conclusions qui n'avaient pas lieu d'être ? J'avais plongé sous ma couette, espérant y trouver refuge. Mais mes pensées s'agitaient dans tous les sens, superposant les images de Thomas et d'Estelle dans une valse infernale alors que j'aurais voulu les effacer tous les deux de mon esprit. J'étais bien naïf. Et si j'avais cru que le sommeil me viderait la tête, j'avais tout faux. Je m'étais réveillé en nage, complètement paniqué par ce que mon cerveau avait fait naître au creux de mes rêves. Un torse masculin écrasait le mien. Une main large caressait mon sexe, le faisait presque entièrement disparaître au fond de sa paume et lui imprimait un mouvement brûlant.

En hâte j'allumai ma lampe de chevet pour mieux chasser ce film d'horreur. Mais la lumière n'y changeait rien : la vision que je désirais tant repousser s'ancrait sous mes paupières, s'évasait jusqu'aux murs de ma chambre, la retapissait entièrement et venait réduire à néant tous mes efforts. Le monde onirique et le monde réel se liguaient comme pour m'enfoncer davantage.

Je me jetai hors de mon lit, bien décidé à faire taire ces abominations qu'on m'infligeait et je m'employais avec des gestes hagards à changer les draps témoins de cette infamie. J'avais soudain l'horrible impression que je ne pourrais plus trouver d'abri nulle part. Même le sommeil me trahissait.

Qu'avais-je donc fait pour mériter cela ? Quel péché devais-je expier pour subir un tel châtiment ? Ne serais-je plus jamais à l'abri ?

Le paquet de linge sous le bras, je me suis faufilé comme un voleur jusqu'à la salle de bains pour le déposer dans la machine. Je pourrais toujours dire que j'avais saigné du nez, cela m'arrivait quelquefois. Alors que je me pensais seul, une voix ensommeillée m'est tombée dessus :

— Tu crois vraiment que c'est le moment de faire la lessive ?

J'ai sursauté avant de remercier le Seigneur en découvrant qu'il s'agissait de Madeleine. J'aurais détesté avoir à me justifier auprès de papa ou, pire, de maman. Au lieu de répondre, je lui ai retourné sa question :

— Qu'est-ce que tu fais debout à cette heure-ci ?

— J'avais un petit creux... Et toi ? Tu es malade alors ? Tu as vomi ?

Elle m'offrait la solution sur un plateau :

— Oui... un peu. Je voulais pas finir ma nuit là-dedans.

— Beurk... je comprends.

— Mais ça va, c'est rien. Pas la peine d'alerter les parents.

Elle a hoché la tête :

— Allez ! Bonne nuit petit frère. Et ne rêve pas trop fort... a-t-elle ajouté en me faisant un clin d'œil amusé.

Sa phrase m'a salement pincé. Elle ne me croyait visiblement pas. L'odeur manquait à mon mensonge. Peut-être m'imaginait-elle fantasmant sur une bimbo quelconque. Or, le visage de Thomas s'imposait, émergeait des brumes imagées qui remontaient le fil de ma mémoire nocturne, identifiant sans erreur possible le torse et la main qui m'avaient caressé. C'était lui qui m'avait visité cette nuit. Alors que j'enfournais en tassant comme un forcené le tissu répugnant dans le tambour de la machine, j'aurais voulu en faire de même avec tout ce qu'on venait de m'infliger : laver la tâche qu'on m'avait collée à la peau.

X

Thalia

La porte s'ouvre avant même qu'elle n'ait le temps de poser le doigt sur la sonnette. Un tourbillon du nom de Loïs la kidnappe. Thalia se laisse faire, s'abandonne contre celle qui se tient dans l'embrasure de la porte et l'embrasse dans le cou. Mais Loïs se reprend très vite, elle l'écarte et la tire dans le même élan :

— Merde ! Les voisins...

La porte se referme, le verrou tourne. Les voilà claquemurées dans cet appartement que Thalia découvre. Un long couloir sombre qui dessert des pièces en enfilade sur sa gauche.

— Bienvenue chez moi ! lance Loïs en débarrassant son invitée de sa veste.

— C'est cool que tes parents soient pas là... commence Thalia en agitant les bras pour aider son amie à faire glisser le vêtement.

— Ouais, tu l'as dit.

— Ils sont partis où ?

— Un week-end en amoureux...

Thalia imagine les siens, main dans la main, direction un rendez-vous romantique. Le truc totalement chelou qui n'arrivera jamais. Loïs la fixe une seconde, contemple l'effet de ses mots, et exulte :

— J'déconne meuf ! Tu crois que mes parents sont du genre à se faire des papouilles après vingt ans de mariage ? Même pas en rêve ! Ma grand-mère s'est cassé la gueule, il fallait bien aller la ramasser. J'ai mytho un contrôle de maths pour esquiver la corvée !

Une onde de soulagement traverse Thalia. Ça la rassure de voir qu'ailleurs c'est pareil que chez elle, ou quasi.

— Du coup, c'est moi le contrôle de maths ?

Un sourire élastique détend les lèvres de Loïs :

— Exact ! Et j'ai du boulot. Je suis loin de te connaître par cœur !

— Va falloir réviser sévère, alors !

Loïs la prend par la taille et l'entraîne vers la cuisine.

— J'ai la dalle, pas toi ?

— Faim de moi ?

Un rire nerveux secoue l'hôtesse des lieux.

— On va commencer par un petit encas sympa. Qu'est-ce qui te ferait plaisir ?

Elle ouvre le congélo qui déborde de pizzas, frites, hamburgers, glaces. Un vrai choc pour Thalia : cette débauche de bouffe contraste tellement avec les placards vides qu'elle a chez elle.

— Waouh ! Il y en a pour une armée !

— Une armée de morts-la-faim, je confirme.

Elles se choisissent deux pizzas quatre fromages et les mettent au four. Loïs a allumé la télé sur une chaîne de clips, la musique rugit dans le salon alors que sur l'écran des nanas court-vêtues se déhanchent à qui mieux mieux.

— Mais comment elles font ça ? questionne Loïs en se plantant devant, jambes écartées et poings à la taille.

— Ben c'est sûr qu'en adoptant la pose cow-boy, tu vas pas y arriver.

Thalia s'interpose entre Loïs et les images, lui prend les mains, les fait onduler doucement le long de son corps, accompagne le flux d'une oscillation des reins, rejette la tête en arrière, se laisse saisir par le flot des notes, gagner par le tempo envoûtant du chant. Elles chaloupent, oublieuses de ce qui les entoure. Pas longtemps. Un rap succède à la voix de la chanteuse précédente. Le rythme s'accélère, se hache, se barde de mots violents. Impossible à suivre. Loïs se détache la première :

— Je crois que le dîner est prêt.

Et c'est vrai, le minuteur sonne dans leur dos. Thalia revient lentement sur le sol, cette danse avec Loïs l'a embarquée en apesanteur. Un moment suspendu qui l'a portée loin. Elle n'est pas certaine que la réciproque soit vraie, lorsqu'elle voit Loïs s'affairer autour des assiettes, d'un plateau, d'un couteau. Une vraie petite maîtresse de maison. *Ça lui va tellement pas*, ne peut s'empêcher de penser Thalia. Elle est déçue. Elle aurait aimé que ça dure plus longtemps, que les pizzas crament et qu'elles s'en foutent, que les gestes qu'elles inventaient au gré des sons les transportent ailleurs, ou au contraire plus près, encore plus près. Elle était prête à tout oublier pour étirer les secondes, pour savourer ces instants volés, presque féeriques. C'est l'effet Loïs, c'est l'effet que cette fille lui fait.

— Tu viens ou tu prends racine ? la rappelle justement à l'ordre son amie, insensible au charme rompu.

Atterrissage forcé. Thalia s'empare de la part qui file et qui fume, l'engouffre sans appétit.

— Ch'est bon, glisse-t-elle pour donner le change.

— On se mate un film, *after* ? demande Loïs en finissant déjà son assiette.

— J'valide !

Loïs sautille vers un meuble où s'entassent des centaines de DVD.

— Canon ! s'exclame Thalia. C'est une collec' de malade, ça !

— Mon père est, genre, fan de cinoche, explique Loïs.

Thalia s'accroupit face au pactole. Les titres débordent de partout, donnent plus envie les uns que les autres.

— Comment tu veux choisir ? C'est un véritable festin, sa came !

— C'est toi l'invitée, tu gères !

— Cadeau empoisonné quoi...

— Pendant que tu fais ton choix, je vais chercher le dessert ! Glace pour tout le monde ?

— Carrément !

Thalia finit par se détourner du placard qui déborde :

— J'ai une idée ! T'as Netflix ?

— Yes ! Mon père est accro, je te dis.

— La chance ! Moi je dois pirater dès qu'il y a un truc qui m'intéresse. *Sex Education*, ça te tente ? Je kiffe grave. J'adorerais le regarder avec toi !

— Pourquoi je suis pas étonnée ? plaisante Loïs en rappliquant avec une barquette de glace au chocolat et deux petites cuillères fichées dedans.

Elles se lovent sur le canapé tout mou qui encombre la pièce, lancent la vidéo et se laissent absorber par les mésaventures d'Otis et de Maeve, ces deux lycéens qui offrent leurs conseils avisés aux ados naufragés du sexe.

Les heures passent, les épisodes s'enchaînent, la glace fond dans son récipient sans qu'elles pensent à la remettre au congélateur, captivées qu'elles sont. Leurs rires s'entrechoquent, leurs regards se cherchent, leurs mains s'agrippent parfois. Mais alors qu'il faut changer de saison, Thalia profite de la pause pour se blottir contre Loïs et, d'une toute petite voix :

— On pourrait se mettre à la pratique nous aussi. T'en penses quoi ?

Loïs tourne son visage vers elle, ses grands yeux semblent briller plus fort dans le clair-obscur de la pièce où luit la nuit qui entre par la fenêtre et profile leurs deux silhouettes immobiles.

— J'en pense qu'on pourrait, oui.

Thalia capte une réticence, un bémol qu'elle s'empresse de jeter aux oubliettes. Loïs a dit oui, non ? Réfléchir, ce sera pour plus tard. Elle a dit oui. C'est tout ce qui compte.

XI

Paul

— Je peux te parler ?

La séance vient de se terminer. Nous avons évoqué les erreurs de jugement, les errements qui nous entraînent et prié en chœur pour nous éloigner du péché. J'ai la vague impression que l'on piétine. J'aimerais avoir davantage de réponses, que Matthieu me donne plus de pistes à explorer, qu'il m'offre des explications claires pour que je me sente définitivement libéré de la culpabilité qui me ronge. Visiblement le moment n'est pas encore venu des grandes révélations qui nous délivreront du mal. Notre guide spirituel nous a promis des exercices, un travail sur nous-mêmes que j'ai hâte de débuter.

Alors que je m'apprête à quitter les lieux, il me retient. Les autres sortent et moi je reste, suspendu à sa question qui tient davantage de l'ordre que de la proposition. Tout est dans le ton. Rien ne sourit dans les mots qu'il vient de prononcer, en posant la main sur mon bras.

— Paul... Tu ne nous as pas encore confié pourquoi tu étais là.

— Mais... je commence.

Il ne me laisse pas finir.

— Oui... tu nous as rapporté ce qui t'était arrivé en seconde. Mais on est encore loin du cœur du sujet, même s'il était important que tu fasses remonter les souvenirs les plus anciens. Car le Seigneur sait tout, voit tout.

— C'est vous-même qui m'avez incité à m'y replonger, à les faire ressurgir... je bredouille, sur la défensive.

— C'était nécessaire. Mais, maintenant, il faut déchiffrer ce qui s'est passé ensuite. Ce qui t'a poussé à venir vers moi, vers nous. Je sais, Paul, que c'est difficile. Je voudrais que la semaine prochaine nous puissions aborder le sujet avec confiance. Seras-tu prêt ?

Je déglutis. Est-ce que je serai prêt ? Est-ce que je vais savoir comment en parler ? Ne pas me tromper dans le choix des mots ? Ne pas laisser croire que j'étais consentant ? Je ne suis pas sûr d'y arriver...

— Je ne sais pas. Je vais essayer, oui...

Son regard bleu se referme sur moi à la façon d'une vague déferlante :

— Il est temps de te confronter à ta propre histoire.

Je reste un peu interdit devant la formulation. Se confronter, c'est se battre contre, c'est se mesurer à. Vais-je avoir assez de force pour surmonter l'épreuve qu'il me prédit ? J'espère bien qu'il pourra m'aider à regarder en face tout ce qui m'a chamboulé si fort, qu'il ne me laissera pas seul dans le dédale où je suis perdu. Comme s'il lisait dans mes pensées, Matthieu reprend :

— Tout ce que tu as vécu a forcément une explication. Le mal ne vient jamais de nulle part. Il a toujours une origine. Nous la chercherons, nous la trouverons, pour mieux la neutraliser.

Ses phrases me rassurent, le *nous* qu'il emploie me sort de cette solitude qui trop souvent m'écrase. Mais à peine me permet-il de souffler qu'il ajoute :

— Danny m'a dit que tu t'interrogeais sur le bien-fondé de notre action. Que tu avais demandé à Ludovic ce qu'il en pensait.

Un silence suit cette affirmation, qui tremble dans l'air comme un reproche.

— Je voulais seulement savoir si c'était normal de s'interroger. Cela m'arrive et donc j'avais besoin de demander à quelqu'un d'autre ce qu'il en pensait.

Plus je tente de me justifier, plus il se braque, plus ses sourcils se froncent :

— Ta foi doit être ta seule boussole, Dieu ton seul repère. Si tu crois suffisamment en Lui alors tu y arriveras. Ta confiance doit reposer en Lui, en Sa clémence. Je ne te cache pas que Ludovic est sur une voie escarpée qui le fait souvent glisser. Les démons l'appellent, l'attirent du mauvais côté. Il faut résister. Gagner contre l'Ennemi n'est pas aisé mais, avec l'aide de Dieu, tout devient possible. Tu le sais n'est-ce pas ?

Je hoche la tête, remué par ce qu'il vient de me dire. Le combat que je dois livrer se situe bien là où je me l'étais imaginé : sur cette ligne de crête qui sépare le bien et le mal. Me reviennent à l'esprit ces joutes enflammées que les églises affichent sur leur fronton. Le paradis *versus* l'enfer. Même sur Terre il faut se tenir à l'écart des flammes diaboliques. Elles existent partout, s'enroulent autour de vous et vous entraînent vers le pire. Ludovic est sur la mauvaise pente, Danny me l'a fait comprendre et Matthieu me le confirme. Je ne me suis pas adressé à la bonne personne. Matthieu me fixe, décèle sûrement sur mes traits l'impact de ce qu'il vient d'énoncer et conclut :

— Prie, Paul, prie. Implore Dieu. Il t'écoutera. Il t'aidera à trouver l'issue qui te sauvera, qui te permettra d'emprunter le chemin de la guérison.

***

Les jours, les semaines passaient et j'avais réussi à maintenir à distance le fiel qu'on m'avait craché au visage. Thomas ne m'avait plus jamais approché et j'avais réussi à l'esquiver facilement. Même si mes pensées voguaient encore vers lui quelquefois, au moins n'avions-nous plus aucun contact. Estelle, de son côté, avait fini par comprendre que je ne souhaitais plus lui parler et elle avait pris ses distances, m'épargnant ses commentaires ridicules. Je tentais de reprendre le cours de ma vie, celui d'avant mon couple, d'avant le théâtre, d'avant Thomas. Je replongeais dans le célibat, retrouvais mes potes dont je m'étais éloigné, renouais avec une virilité que j'exacerbais presque malgré moi, pour écarter toute ambiguïté malvenue et, surtout, totalement hors de propos.

Maman s'était émue de ne plus voir ma petite amie à mes côtés. J'avais évacué ses questions en lui expliquant que nous nous étions quittés d'un commun accord. Mais j'avais eu plus de mal à lui faire comprendre pourquoi j'avais abandonné le théâtre, à quelques mois du spectacle de fin d'année.

— J'ai croisé Simone, hier, m'avait-elle glissé un soir alors que je l'aidais à mettre la table. Elle m'a dit que tu avais arrêté de venir à ses cours sans lui donner la moindre explication. Ça ne te ressemble pas !

Embarrassé, j'avais cherché à improviser une réponse acceptable. Mais j'étais moins doué qu'Estelle...

— J'en ai eu marre, en fait. Je ne pense pas que je sois fait pour ça. Et puis j'ai vachement de boulot, ça empiétait sur mes devoirs.

L'excuse bateau par excellence. Mais vu le sourcil suspicieux de ma mère, je n'étais pas certain d'avoir tapé dans le mille.

— Depuis quand tu ne tiens plus tes engagements, Paul ? Nous t'avons toujours appris à aller jusqu'au bout de tes choix. Au minimum sur l'année en cours. Et puis, la moindre des corrections, c'est de prévenir... et de fournir un motif qui tienne la route.

Elle n'était pas dupe. J'ai baissé la tête, pris en faute. Tout ce qu'elle m'assénait était juste. Mais j'étais incapable de me défendre car la vérité était tout simplement impossible à raconter. Mentir ou me taire. Je n'avais pas d'autre alternative.

— Tu avais l'air tellement enchanté de faire cette activité ! Je suis vraiment déçue par ton comportement.

Papa était entré à cet instant dans la cuisine pour proposer son aide. Face à mon air penaud et à celui fâché de maman, il avait voulu savoir de quoi il s'agissait. Ma mère s'était fait un plaisir de lui répondre alors que j'aurais voulu qu'elle la ferme. Mais non ! Elle en remettait une couche, parlait de renoncement, de grossièreté, de contrat rompu sans préavis... Et moi, alors qu'elle enchaînait les arguments, je ne revoyais qu'un seul épisode, qu'elle m'obligeait sans le savoir à revivre en boucle : celui de Thomas me rejetant, m'insultant, m'humiliant. Car pour moi, tout se résumait à ce seul instant. Mon aventure théâtrale n'avait eu qu'un seul acte. Et il était plus qu'odieux. Il était douloureux. Alors que je l'aurais souhaité sans importance, il me trouait la poitrine, encore et encore, à chaque fois que maman ouvrait la bouche. Elle n'en finissait plus de blâmer mon attitude inconséquente, prolongeant d'autant mon calvaire. C'est papa qui était finalement venu à mon secours :

— Oui, bon, effectivement, tu aurais pu prévenir... Mais le théâtre, c'est quand même un ramassis de cultureux chelous... avait-il glissé sur le ton de la blague pour désamorcer la colère maternelle. Puis, en s'adressant directement à elle, comme si je n'étais pas dans la pièce :

— Je préfère qu'il se concentre sur ses études. Quant aux loisirs, il a le sport pour se défouler. Je ne pense pas qu'il perde au change au final...

Fin de la discussion, il était reparti vers la salle à manger avec les fourchettes et les couteaux, brandis comme le calumet de la paix. Il savait que donner un coup de main aux tâches ménagères lui faisait toujours gagner des points.

Maman m'avait jeté un regard noir, grommelé quelque chose d'indéfinissable et j'avais pu m'échapper à mon tour avec les assiettes et la bouteille d'eau.

Sauf que ça ne changeait rien. J'étais toujours aussi meurtri et l'écharde « PD » que Thomas m'avait enfoncée dans la chair refusait de disparaître malgré tous mes efforts. Heureusement pour moi, le temps passant, l'année finissant, mes nuits se calmant, ma blessure a fini par se refermer. Je l'ai colmatée comme j'ai pu, en zigzaguant beaucoup pour éviter le regard d'Estelle, en étouffant mes souvenirs de cette année pourrie, en mentant aussi à mes parents alors que, jamais jusque-là, je n'avais eu besoin de recourir à un tel stratagème.

Avec le temps, les mois passant, le mensonge en question m'apparaissait insignifiant. Au lycée, ma classe de première s'était d'ailleurs déroulée sans problème. Estelle m'ayant définitivement rayé de son existence, j'avais le sentiment d'avoir tourné une page. Celle d'un grotesque accident de parcours, dont la faute revenait à ceux qui m'avaient mal jugé, pour une raison que j'ignorais et dont j'étais bien décidé à me foutre royalement.

L'avenir s'ouvrait en grand avec la terminale et le bac à l'horizon. Je me voulais entièrement tourné vers l'objectif études, et plus elles seraient grandes et longues, mieux ce serait. Rien d'autre n'avait d'importance.

Jamais je n'aurais cru être rattrapé par ce que je croyais avoir définitivement enterré.

XII

Thalia

Thalia a glissé ses mains sous le chemisier de Loïs, a défait les attaches de son soutien-gorge, a fait grimper ses doigts jusqu'à ses épaules, a dégagé les bretelles le long de ses bras, a fait basculer les bonnets vers l'avant, a libéré les seins, a ressenti leur poids, a perçu le frémissement de la peau... Une lente vibration que Loïs lui transmet, qui se répand en elle et les happe toutes les deux. Leurs corps s'électrisent et leurs jambes s'entremêlent, leurs bouches s'étreignent et leurs souffles se mêlent, leurs ventres se contractent et leurs yeux s'illuminent.

Allongées sur le canapé, leurs mouvements ressemblent à un tendre brouillon. Un amour tout neuf qui se nourrit de chaque maladresse, de chaque caresse. Elles ne précipitent rien, prennent le temps de se parcourir. Profitent de cet espace qu'elles s'inventent, qu'elles habillent de caresses et drapent de douceur. Un lieu rien qu'à elles, qui tient en équilibre sur des coussins, entre les frontières étroites d'un sofa.

Leurs ombres chinoises se perdent dans l'obscurité, s'effacent au regard de la fenêtre plongée dans le noir. Leurs soupirs s'accélèrent au rythme palpitant de leurs deux cœurs...

Une sonnerie de téléphone retentit. Décapite le charme de l'instant. Loïs roule en bas de leur lit improvisé alors que Thalia râle :

— On s'en fout ! Réponds pas...

Mais son amie a déjà la main sur l'engin et décroche :

— Allô ?

Son timbre est rauque, sa voix essoufflée. Thalia aime le son qu'elle entend et dont elle estime – à juste titre – être à l'origine. Pourtant elle aurait préféré que Loïs ne se presse pas ainsi, qu'elle laisse sonner et puis tant pis. Elles étaient si bien, si proches du vertige. Elle lui en veut, alors que Loïs rajuste son chemisier, rallume la lumière qui chasse d'un coup tout ce que la pénombre avait convoqué, ce rêve éveillé, délicieusement exalté. Tout réapparaît : les meubles avec leurs contours anguleux, la moquette avec ses poils rêches, les murs avec leur peinture écaillée. La lueur qui balafre l'appartement est si crue que Thalia a l'impression que tout est moche ici, alors qu'elle n'y avait pas fait attention en arrivant. Même le canapé qui a accueilli leurs ébats n'est pas si confortable que ça. Loïs s'est relevée et marche de long en large, le combiné à l'oreille. Elle a oublié Thalia, elle est passée à autre chose, absorbée par cette conversation subite, sortie de nulle part, mais qui prend toute la place. Elle n'a pas un regard pour celle dont elle vient de quitter la chaleur. Thalia s'assoit, se rhabille en petits gestes énervés. Elle aurait voulu que cela ne finisse pas, qu'elles restent l'une contre l'autre jusqu'au matin, sans que rien ne vienne les séparer. Mais Loïs ne revient pas. Elle a même disparu dans l'une des pièces que Thalia ne connaît pas.

Alors elle se lève, s'approche de la vitre derrière laquelle se déploie le paysage hérissé d'immeubles et dont les lucarnes jaunes sont autant de preuves de vies anonymes. Tous ces gens qui pourraient mater ce qui se passe ici, depuis que Loïs a appuyé sur l'interrupteur. Il n'y a pas de rideaux pour se dissimuler, rien pour se mettre à l'abri. Mais il n'y a plus rien à voir et personne d'autre qu'elle n'est à l'affût. La télé, les ordis, les séries accaparent tous ces invisibles.

— Bon...

Loïs la fait sursauter. Thalia se retourne et la découvre debout, le téléphone toujours encastré dans sa paume. Sur son visage, plus rien de la délicatesse qui la faisait fondre un instant plus tôt, quand elles n'étaient qu'à quelques millimètres l'une de l'autre.

— Qu'est-ce qu'il y a ?

— Malo, mon frère...

— Ton frère ?

Première nouvelle ! Il n'avait jamais été question d'un frère jusque-là.

— Ouais... Bref. Il a appris que les parents étaient partis. Il est en galère et il rapplique.

— Comment ça ? Ce soir ? Maintenant ? Ici ?

— Ben oui... Mes parents et lui, c'est pas le grand amour. Mais, là, il a besoin de faire une lessive et de récupérer des trucs pour bouffer. Il roule pas sur l'or. Il fait des p'tits boulots au noir, par-ci, par-là. Du coup, quand nos vieux sont pas là, il en profite.

Thalia papillonne des yeux, comme éblouie par la masse d'infos qui lui tombe dessus.

— Mais... tu savais qu'il allait venir ?

— Bien sûr que non ! Tu vois bien qu'il vient de m'appeler.

— Mais tu pouvais pas... je sais pas... lui dire que ce soir c'était mort ?

— Pourquoi j'aurais fait ça ?

Thalia fixe Loïs, une multitude de raisons se presse derrière ses lèvres. Mais son amie n'en voit visiblement aucune. D'ailleurs, elle lui confirme très vite :

— Je ne peux quand même pas le laisser à la porte !

— Et moi ? Je suis censée faire quoi ? Il est comme tes voisins ? Ou je peux rester ?

— Bien sûr que tu restes. Mais il ne s'est rien passé, d'accord ? D'ailleurs il ne se passe rien.

Loïs ramasse son soutien-gorge, remet un bibelot en place, jette la barquette de glace à la poubelle. Thalia ne bouge pas. Elle ne se rend pas tout de suite compte de ce qu'elle vient d'entendre. Il lui faut un moment pour assimiler.

— Quoi ?

— Quoi, quoi ?

— Qu'est-ce que tu viens de dire ?

— Oh ! Ça ? Non, je veux dire que mon frère n'a pas besoin de savoir qu'il y a un truc entre nous.

— Un truc ?

Loïs se tourne d'un bloc vers Thalia :

— Écoute... Malo va arriver. On n'est pas obligées de se la jouer psychodrame. Je préfère qu'on soit discrètes. Ça te pose un problème ?

— Non... Mais... Enfin... Tu n'as pas aimé ?

Thalia retient sa respiration, a la sale impression d'être suspendue à un fil si fragile qu'il pourrait se briser et, elle, s'écraser comme une loque.

Loïs plisse les paupières, sourit sans desserrer les dents :

— J'te rassure, tu n'as rien à te reprocher. Je vais préparer la chambre d'amis. Tu pourras y dormir tranquille. Comme ça, *out* les questions du frérot.

Pile à ce moment, la sonnette, stridente, retentit, suivie d'un bruit de clés dans la serrure. Loïs est déjà à la porte. Il n'a pas perdu de temps le frangin, un grand gars aux cheveux longs qui la prend dans ses bras.

— Sœurette ! Trop content de te voir.

— J'ai une copine qu'est là. Désolée, je savais pas que t'allais venir.

Thalia, toujours dans le salon, entend l'excuse qui n'a pas lieu d'être : elle lui bousille direct le cœur. Une envie de fuir la saisit. Elle est de trop visiblement et ce n'est pas le regard que lui jette Malo qui lui dit le contraire.

— Salut, arrive-t-elle quand même à bredouiller.

Il se contente d'un jeté de menton et, baluchon sur l'épaule, se dirige vers la salle de bains.

— Sympa, ton frère, ne peut-elle s'empêcher de lancer à Loïs.

— Grave ! répond celle-ci, insensible à l'effet produit par le nouveau venu et prenant la formule au premier degré.

— Il est où mon lit ? demande Thalia pour couper court à son envie de hurler.

***

Allongée sous les draps, dans une pièce qui a plus des allures de débarras que de chambre d'amis, Thalia tente de remettre de l'ordre dans ses idées. À quoi joue Loïs ?

Pourquoi la traite-t-elle comme ça ? Le fameux Malo n'a pas l'air d'un ange sous sa tignasse trop longue et, avec ses bras mal tatoués, il lui a fait un drôle d'effet. Un air de petite brute épaisse. Voilà à quoi il lui a fait penser. Quant à sa sœur, elle était tellement aux petits soins qu'elle a carrément zappé Thalia. Même si celle-ci peut comprendre le besoin de maintenir secrète leur relation, Loïs aurait au moins pu être plus tendre. Faire preuve d'un peu plus d'attention. Elle lui a à peine dit bonsoir, même pas un bisou, que dalle. Elle l'a larguée comme une vieille chaussette. De peur sans doute que l'autre grand con ne s'aperçoive de quelque chose. Mais elle aurait pu s'attarder une seconde, lui glisser un mot doux...

Pour se consoler, Thalia n'a plus qu'une solution. Resserrant ses jambes entre ses bras, elle ferme les paupières et invoque les images de cette soirée incroyable. Avant l'interruption de Malo, avant que la lumière ne les éclabousse, avant que leurs peaux ne s'éloignent. Le souvenir est si proche qu'il l'emporte, gagne sur la tristesse d'avoir été déçue. Loïs est si insaisissable qu'elle doit l'accepter si elle veut que leur histoire continue. Et elle le veut, Thalia. Férocement.

XIII

Paul

— Dis-nous, Paul, qui est Matéo ?

Le regard de Matthieu me sonde. J'ai l'impression sordide d'être l'objet d'une autopsie. Ses yeux me fouillent, me passent au scanner de leurs iris bleu acier. Un voile de sueur couvre instantanément ma peau. Je n'ai encore rien dit et c'est comme si j'étais d'ores et déjà coupable. La petite pièce à laquelle je commence à m'habituer, que je retrouve avec espoir, se transforme d'un coup en tribunal. Le guide spirituel n'en est plus un, il laisse sa place à un juge inflexible. Quant à Laura, Danny, Ludovic et Émile, ils ne sont plus témoins mais jurés. J'ai l'impression d'être tombé dans un piège presque de mon plein gré, un piège du nom de Matéo.

Entendre son prénom dans la bouche de Matthieu me déséquilibre violemment. J'aurais souhaité qu'il n'entre pas ici. Qu'il reste loin des aveux que je m'apprête à faire. Or c'est tout bonnement impossible désormais. Il vient d'être cité à la barre. Je savais que je serais obligé d'en arriver là. À cette histoire qui m'a conduit ici. Et pourtant, poussé tout au bord de la réalité, tout près d'y basculer, j'ai un imperceptible mouvement de recul. Matthieu s'en aperçoit et insiste :

— Matéo, donc... ?

De quel droit prononce-t-il son nom ? Lors de mon premier témoignage, je n'ai jamais évoqué le prénom de Thomas, lui préférant « le garçon », « le comédien » ou « l'élève ». Matthieu, en choisissant d'emblée de nommer Matéo, me met au pied du mur. Mes parents ne lui ont décidément rien dissimulé, pas même l'identité de celui qui m'a conduit ici. Je ne m'y attendais pas et il s'en sert pour me forcer à tout révéler. Plus question de savoir si je suis prêt ou pas, si j'ai envie ou pas. Il veut que je parle. Maintenant. Un cri silencieux monte en moi. Mais il est inarticulé et il se désagrège au contact de l'air.

J'ai peur, soudain, de trahir la vérité. Comme si elle n'était plus une et indivisible mais plurielle et polymorphe. C'est un flash qui me percute par surprise. Une révélation à laquelle je ne m'attendais pas. Tout ça parce que Matthieu a dit son nom. Matéo. J'en suis sûr maintenant : il n'a rien à faire ici. Il n'a pas à subir un verdict qui ne concerne que moi. Et pourtant, en intégrant Vers le Vrai je l'y ai traîné malgré lui et, peut-être, malgré moi. Matthieu avait raison : la confrontation promise sera implacable.

C'est en moi qu'elle se déroule et c'est moi qu'elle déchire.

***

C'était pendant les vacances de la Toussaint. Les révisions s'accumulaient, les contrôles s'enchaînaient et Parcoursup se profilait. À la maison, maman était tendue. J'étais son petit dernier, celui qui allait bientôt quitter le nid et les laisser en tête-à-tête avec papa. Même si l'année était loin d'être terminée, si la ligne d'arrivée n'était pas encore franchie, la perspective de mon départ se rapprochait inexorablement. Moi, j'étais serein. J'étais bien dans mes baskets et mes notes étaient au diapason. Je bossais a minima, suffisamment pour rester au niveau de celles qui m'avaient précédé. Mes sœurs avaient toutes eu une mention, de bien à très bien. La barre était haute mais pas inaccessible. Papa m'encourageait à coups de bourrades dans le dos et de parties de tennis. Maman était plus du genre petits plats et sucreries dans le sac à dos. Ils me chouchoutaient d'autant plus que Madeleine avait quitté le domicile familial l'année d'avant pour aller poursuivre ses études à Angers. J'avais toute leur attention. J'en profitais pleinement, conscient de ma chance. Même si parfois j'avais des envies d'ailleurs et d'indépendance, je ne me plaignais pas.

Le répit offert par la suspension des cours tombait à pic pour me changer les idées. Paola, l'une des filles de ma classe, m'avait invité à son anniversaire et je me faisais une joie de passer une soirée loin de ma chambre, de son bordel accumulé, de ses fiches de philo et de physique. Lorsque je me présentais chez elle, un cadeau mal emballé entre les mains, la maison était déjà en mode fiesta. Au milieu des lumières tamisées flottaient les ombres des danseurs et l'odeur de l'herbe ondoyait dans toutes les pièces. La musique, au son poussé à fond, ne laissait pas de place à l'hésitation : les trémoussements et autres glapissements étaient de rigueur pour rejoindre le cœur de la fête. Je me suis faufilé entre les corps mouvants pour chercher un îlot où poser mes deux pieds gauches. J'ai trouvé un recoin inoccupé près de la porte-fenêtre qui donnait direct sur le jardin. Malgré la saison un peu fraîche, la fièvre qui s'était emparée de mes camarades de classe avait poussé la température dans ses retranchements les plus extrêmes. Aussi une bonne âme avait-elle ouvert pour refroidir l'atmosphère surchauffée. Paola, en parfaite maîtresse de maison, m'avait apporté un verre de punch « fait avec amour ». Un truc aux couleurs indécises mais au degré d'alcool résolument soutenu. De quoi se fondre sans attendre dans l'ambiance générale. J'ai esquissé quelques pas de danse dès le deuxième cul-sec, c'est dire. J'avais soudain l'impression – sûrement erronée – que les filles tournaient autour de moi, comme un essaim d'abeilles, ça me foutait presque les jetons. L'ivresse me talonnait. Alors que je m'appuyais à une commode judicieusement placée sur mon chemin, histoire de me reprendre, j'ai senti qu'on me repoussait.

— Attention ! T'es en mode tour de Pise !

La voix était ironique, sans méchanceté. Je me suis tourné vers celui qui me remettait d'équerre. Je ne le connaissais pas. Il portait une chemise ample, rouge, sur un pantalon noir. J'ai bêtement pensé au roman de Stendhal, *Le Rouge et le Noir*, que j'avais lu l'été précédent et qui m'avait profondément touché. C'est étrange comme c'est sa tenue plus que son physique qui m'a d'abord frappé. Peut-être parce que je n'avais déjà plus l'esprit très clair, je n'ai pas remarqué tout de suite ses yeux marron-vert qui me dévisageaient, ni sa fossette gauche qui me narguait, encore moins son sourire amusé qui se moquait.

— Salut ! Moi, c'est Matéo.

Je tanguais lamentablement face à lui, incapable de sortir un son.

— O.K. ! Je crois que t'as besoin d'un café bien serré.

Et sans me demander mon avis, il m'a pris par la main et entraîné derrière lui. Je n'ai pas pensé à lui résister. Je me sentais flageolant, complètement paumé, brinquebalant sur mes jambes. Fragile.

Alors que je restais indécis au milieu des verres et assiettes sales, il a posé ses paumes sur mes épaules pour me forcer à m'asseoir. Sur mon tabouret de comptoir, je l'ai regardé s'activer. Se repérant sans une hésitation dans le bordel ambiant, il a sorti des capsules de café, des tasses et mis en marche la machine. Deux minutes plus tard, le liquide noir me fumait dans les narines.

— Bois !

J'ai pensé furtivement qu'il n'avait aucune raison de me donner des ordres, mais j'ai obéi sans moufter. Je n'étais pas en état de soutenir une quelconque rébellion. Je me suis même consciencieusement brûlé la langue quand l'amertume piquante m'a secoué le palais. J'ai cligné des yeux et récupéré quelques neurones. L'image de Matéo penché vers moi s'est lentement défloutée.

— Ça va mieux ?

— Oui... j'ai répondu en m'essuyant la bouche d'un coup de manche.

— Alors ?

— Alors quoi ?

— Moi c'est Matéo. Et toi ?

Têtu, le garçon. Il reprenait la conversation, pile là où je l'avais abandonnée – si on peut appeler « conversation » ses phrases à sens unique.

— Paul. Je m'appelle Paul.

— Pas James Bond donc.

— Ah… non, désolé.

— Paul c'est bien aussi.

Je n'arrivais pas à savoir s'il se foutait de moi. La lueur qui pétillait au fond de ses rétines me faisait penser à une luciole en train de se marrer. Je me suis demandé ce qu'il avait mis dans mon café pour me faire halluciner comme ça.

— T'as ajouté un truc dedans ? j'ai questionné en zieutant le fond de ma tasse.

— T'en avais pas besoin… Le punch de ma cousine est redoutable.

Sa cousine. Donc c'était le cousin de Paola. Comprendre ce lien de parenté me redonnait l'avantage. L'avantage sur quoi ? C'était complètement idiot. J'étais idiot.

J'étais bourré et idiot. Bizarrement, le fait de me sentir aussi nul par rapport à lui me complexait tant que ça me donnait envie d'en rire. Je n'avais plus toute ma tête. Où était-elle passée ? Mes cogitations ne rimaient vraiment à rien. J'ai secoué mes cheveux pour m'en débarrasser. Ça n'a pas marché. Elles s'incrustaient comme son regard sur moi.

— T'as dû picoler trop vite…

— J'en ai bu que deux !

— Vu ta tronche, je dirais au moins le double.

Son rire s'est enroulé autour de moi. Le plus dingue, c'est qu'il s'est carrément matérialisé, il a pris la forme d'un voile vaporeux m'enserrant entre ses plis. Plus j'essayais de m'en extirper, plus il resserrait son emprise, plus il résonnait au fond de mes tempes. Impossible de m'en libérer. J'ai glissé dans son tourbillon.

Lorsque je me suis réveillé, j'étais couché sur un lit, cotonneux et bourdonnant encore des sons de la soirée. À côté de moi, assise sur un tabouret, se tenait la silhouette immobile de Matéo. Il fumait, un bouquin à la main, à la lumière d'une lampe de chevet.

Comme je bougeais en reprenant conscience, il s'est tourné vers moi. Son profil dans la pénombre avait gagné en sérieux.

— Ça va ? J'appelle les pompiers ?

— Non, non... ça ira...

Je me suis redressé sur l'oreiller en tentant de juguler le mal au cœur qui me chavirait l'estomac.

— T'es sûr et certain ?

— Oui... Je vais rentrer chez moi je crois.

— Ce sera plus raisonnable... Je te ramène ?

— Oh ! Non, j'habite pas loin et l'air frais me fera du bien.

— Ça ne m'aurait pas dérangé, tu sais. Je t'ai déjà porté jusque-là...

— Porté ? j'ai répété, hébété, ne me souvenant de rien.

— Oui... porté. Dans le genre poids mort, tu touches ta bille.

Il m'a fait un clin d'œil, a fermé son livre, écrasé sa cigarette, s'est levé et, alors que je m'asseyais péniblement, a ajouté :

— Je serais ravi de te revoir. À jeun ! Tu m'appelles ?

Avec un sourire indéchiffrable, il m'a glissé un bout de papier dans la main. Il avait visiblement préparé son coup pendant que je comatais.

— À plus, Paul.

Et il a disparu par la porte de la chambre, me laissant seul avec le courant d'air provoqué par le déplacement de son corps. Un souffle vif qui m'a fait frissonner.

XIV

Thalia

Elle s'esquive en catimini. Le soleil n'est pas encore levé mais, de toute façon, elle n'a pas fermé l'œil de la nuit, se tournant et se retournant entre des draps si roses qu'on les aurait dits en provenance directe de la maison de Barbie. Elle part les chaussures à la main, tournant la clé dans la serrure avec mille précautions, tirant la porte millimètre par millimètre, descendant les escaliers quatre à quatre. Comme une voleuse. Une intruse. Depuis l'arrivée de Malo, elle se sent de trop dans cet appartement. Et l'impression n'a fait que gonfler d'heure en heure. Autant de raisons pour ne pas s'éterniser. Elle ne laisse pas non plus de mot à Loïs, comme explication, son absence suffira.

Dehors, le froid la gifle. Elle remonte son col sous son menton, frotte ses mains l'une contre l'autre, avise son vélo et étouffe un juron.

— C'est pas vrai !

L'antivol, costaud, a résisté aux assauts mais, de dépit sûrement, on lui a piqué une roue. Thalia va devoir se fader la route à pied avec ce poids mort, le top !

Pas le choix pourtant. Elle ne peut pas le laisser là, à la merci des affamés du quartier. Elle soulève la carcasse désossée et la hisse sur son épaule.

— Putain ! C'est lourd.

C'est vrai mais, au moins, l'exercice lui tient chaud. Dans cet équipage, le retour jusque chez elle lui paraît beaucoup plus long, forcément. Elle titube souvent, manque de se casser la gueule plus d'une fois, mais elle tient bon. Aiguillonnée par le tournant désastreux qu'a pris sa soirée. Quand elle arrive enfin en vue du petit portail blanc qui clôt le jardinet, elle est en nage, cassée en deux, mal partout. La petite maison a les yeux fermés. La façade ainsi claquemurée a un air sage, un style apaisé qui n'est pas raccord avec ce qui se passe à l'intérieur. C'est ce que pense Thalia en se massant la nuque : elle n'a pas envie de rentrer. Mais l'idée d'une douche chaude et de son lit qui l'attendent, ajoutée à la fatigue qui l'écrase, la décide. Elle abandonne son vélo dans la cour, même pas le courage de le porter jusqu'au garage.

Entre les murs qui dorment, elle grimpe l'escalier sur la pointe des pieds. Mais lorsqu'elle ouvre la porte de sa chambre, elle s'arrête sur le seuil, saisie. Une forme bosselle sa couette. Quelqu'un dort à sa place. Elle s'avance doucement, soulève délicatement le drap.

— T'étais où ?

La voix ensommeillée de son frère se pelotonne contre son oreille. Toute la culpabilité de l'avoir laissé la veille au soir l'assaille. Arthur tend ses petits bras vers elle, la cherche de ses mains.

— Je suis là...

Sans se déshabiller, elle glisse à ses côtés, s'entortille autour de lui et capte sa chaleur. Le minuscule émet une sorte de ronronnement de plaisir.

— Mon p'tit chat, bredouille-t-elle, émue aux larmes par le bruit qu'il fait, par sa présence confiante.

Il l'a attendue ici, toute la nuit, pour être près d'elle, malgré le vide qu'elle a laissé en se barrant chez Loïs. Parce qu'elle lui manquait, parce qu'elle lui a fait défaut. Elle s'en veut. C'est trop tard, mais elle s'en veut. Elle se demande si elle a bien fait de partir au premier appel de sa belle, si le jeu en valait vraiment la chandelle vu la façon dont Loïs l'a presque mise dehors. Mais les gestes qui lui reviennent, le parfum de fleurs qui imprègne ses vêtements, les images qui refusent de disparaître sont autant d'arguments pour contrer sa mauvaise conscience. Il faudra bien qu'elle fasse avec cette rage amoureuse qui la consume. Épuisée, elle s'endort en se disant que son frère à elle est autrement plus mignon que celui de Loïs.

Que de ça, au moins, elle est sûre.

Que ça saute aux yeux.

Ça lui saute au cœur.

***

Le jour s'est installé depuis longtemps quand Thalia se réveille. Elle est seule. Arthur s'est éclipsé pour la laisser se reposer. Il a compris qu'elle en avait besoin, qu'il devait faire attention à ne pas la bousculer en l'enjambant pour aller prendre son petit déjeuner. Ce n'est pas grave si elle reste couchée… du moment qu'elle est là. À la maison. Avec lui.

À peine ouvre-t-elle les yeux qu'une douleur la poignarde.

— Aïe !

Une marque rouge serpente sur son épaule endolorie. Son foutu vélo ! Il va falloir qu'elle s'occupe de l'estropié. Une douche et un vieux jogging plus tard, elle descend constater les dégâts, la case petit déj' attendra. Les bécanes ça la connaît, elle va sûrement pouvoir rafistoler la sienne avec le matos qui encombre le garage. Mais en faisant coulisser la porte, elle tombe nez à capot avec la voiture de son père. Il est rentré. Il a profité d'un soir où elle n'était pas là pour rappliquer. Comme un fait exprès. Ça la met en rogne. Il va sûrement lui faire la leçon. Sa mère au plus bas, son petit frère tout seul et elle qui se barre...

Thalia fait demi-tour aussi sec. Autant prendre la soufflante le plus vite possible pour s'en débarrasser.

— Papa ? lance-t-elle au hasard en mettant un pied dans l'entrée.

La machine à café se met à ronfler, il est dans la cuisine. Son ombre mince s'étire au milieu de la pièce, une minuscule tasse dans sa grosse paluche. À contre-jour on dirait une silhouette sortie d'un conte de Michel Ocelot.

— Ah te voilà !

La voix qui sort de l'apparition fait s'évaporer illico l'image féerique.

— On peut savoir où t'étais ?

— Chez une copine. Je l'ai dit à maman avant de partir. Et bonjour au fait.

Il s'avance dans la lumière et Thalia entrevoit une mèche blanche dans ses cheveux d'ébène. Elle n'était pas là auparavant, elle en mettrait sa main à couper.

— Tes cheveux... débute-t-elle en levant un doigt vers la tête de son père.

Il ne la laisse pas achever son geste :

— T'occupe ! C'est les soucis faut croire. Et c'est pas étonnant : je rentre, ta mère est plantée au milieu de ses papiers, ton frère devant la télé alors qu'il devrait être au lit, toi t'es aux abonnées absentes et en plus y a rien à bouffer. Charmant l'accueil pour le travailleur.

— Désolée 'pa. Mais bon, je savais pas que t'allais rentrer. Et maman... bah, tu sais bien.

— Ouais. C'est pas une raison pour déserter.

— Moi, je déserte ? Tu blagues, là, j'espère ! J'suis là tous les jours. Pas comme certains...

Elle plisse les yeux pour contrer la colère qu'elle allume dans ceux de son père. Elle la voit dans le froncement de sourcils qui lui dessine une barrière noire en travers du front. Une couleur raccord avec son humeur, qu'il n'attend pas pour déverser, d'un ton bas et sifflant :

— Je suis là pour une semaine. Et puis je bosse, moi, ma fille. Il faut bien quelqu'un pour payer tout ça.

De sa main libre, il esquisse une volte désignant les murs jusqu'au toit qui les protège. C'est ça, « tout ça ». Est-ce que ça suffit pour faire de lui un bon père ? Un père présent, en tout cas, c'est raté. Un mari aimant, c'est pas gagné... Thalia ravale ses pensées qui s'agitent et bouillonnent sur le bout de sa langue. Elle aussi aimerait lui parler du prix des choses. Mais pas les matérielles, pas celles pour lesquelles il se crève le cul, soi-disant. Non. Le prix de son absence. Il le calcule comment celui-là ? Celui qu'ils payent au quotidien : la solitude de Violaine, la tristesse d'Arthur, sa rage à elle. Et tout ce que creuse sa désertion à lui dans ce décor qu'il paye peut-être mais qu'il fuit sans cesse. Elle ne dit rien. Parce qu'elle est comme lui au fond : dès qu'elle peut, elle se casse. Les journées au lycée, les heures à pêcher, les soirées à l'extérieur : tout est bon pour ne pas s'éterniser. Sauf que Thalia, elle a dix-huit ans, merde ! C'est pas à elle de gérer quand la vie des adultes part en vrille, même si c'est celle de ses parents.

— Alors j'aimerais bien un brin de reconnaissance, si c'est pas trop demander...

Medhi poursuit son remontage de bretelles, enfile les sermons les uns au bout des autres, sa tasse battant l'air et ponctuant ses phrases. Trop, c'est trop.

— O.K. Stop. Pouce. On peut faire pause ? J'ai compris le message, souffle Thalia, les deux mains en l'air en signe de reddition.

— Qu'est-ce qui est arrivé à ton vélo ?

Bifurcation du paternel dans une voie non prévue.

— Je me suis fait piquer la roue arrière. Mais j'vais le réparer. T'auras pas à payer, si c'est ça qui t'inquiète.

Une rougeur subite embrasse le cou et la glotte de son père dans le même élan.

— Dis donc... commence-t-il avec hargne.

Thalia chipe une pomme ridée qui se bat en duel avec une banane léopard dans le saladier posé sur la table :

— Pas besoin de t'énerver. J'y vais.

Elle fait demi-tour et quitte les lieux. Le garage l'appelle, elle en a assez entendu. Qu'est-ce qu'elle croyait ? Que son père serait content de la voir ? Qu'il lui ferait, genre, un câlin ? Et puis quoi encore ? Depuis quand elle l'a pas vu ? Plus d'un mois, elle en est sûre. Trente jours et pas un bonjour. Elle s'en fout, elle s'en fout, elle s'en fout...

Les mains dans le cambouis, elle s'attaque à l'écrou de la nouvelle roue qu'elle a récupérée derrière un tas de cartons et qui doit dater d'avant-guerre, enfin, d'il y a longtemps. Alors qu'elle la visse avec une clé rouillée, elle se demande si ça va coller. Si c'est interchangeable, malgré la différence de modèle. Elle n'a pas le choix de toute façon. Il faudra bien que ça rentre, que ça s'adapte et que ça re-roule.

Soudain, elle sent une présence dans son dos.

— Laisse, je vais t'aider.

La grande carcasse de son père se plie en deux et lui prend d'autorité l'outil des mains. Thalia a les doigts en sang, avec la graisse ça lui fait des tatouages de rouille sale sur la peau. Elle recule, lui fait de la place, admire sa technique, la force qui se dégage de ses bras aux muscles pourtant si fins. Même si elle râle de se faire aider, elle apprécie le geste paternel qu'elle n'espérait même plus.

Medhi a fini. Il essuie ses paumes sur un vieux torchon, vérifie que tout tourne bien rond et annonce à sa fille :

— Maman est debout. Ça a l'air d'aller. J'vous emmène au resto... pour changer.

Thalia retient l'envie de lui sauter au cou qui la saisit par surprise. Elle déglutit et lâche :

— Cool.

XV

Paul

Un tapis immatériel se déploie sur le sol. Les grandes dalles s'illuminent d'or, de bleu, de rouge et d'orangé. Un véritable arc-en-ciel. Les rayons du soleil jouent avec les vitraux qui allongent leurs reflets en diagonale. C'est beau. Un côté irréel qui ajoute à l'atmosphère si particulière qui règne à l'intérieur de l'immense cathédrale. J'ai toujours aimé ces mares de lumière. Quand j'étais petit, je disais que j'y pataugeais, comme dans de vraies flaques d'eau. Elles me costumaient de couleurs. Je devenais Arlequin.

Aujourd'hui, assis sur mon banc, je me contente de les contempler. À ma droite maman a les yeux fermés, les mains jointes. Ses lèvres remuent en silence sur une prière dont je soupçonne la teneur. Mon père, le dos bien droit, fixe sans ciller le prêtre qui déroule son sermon. À ma gauche Madeleine, revenue pour le week-end, triture frénétiquement un mouchoir qui ne lui a pourtant rien fait. Elle ressent, elle aussi, la tension qui ne quitte plus notre famille et nous accompagne partout depuis que j'ai parlé. Depuis que je leur ai demandé de l'aide.

J'aimerais qu'ici, en ce lieu, sous le regard de Dieu, tout cela se relâche. Que nous ne soyons plus soumis au diktat de l'inquiétude mais que nous retrouvions la paix qu'on nous promet dans chaque prêche prononcé. Moi aussi je prie, de toute mon âme, de tout mon cœur, pour sortir par le haut et au plus vite de ce que j'ai traversé. Pour que la parole divine vienne en moi et me libère. Me guérisse, puisque c'est le terme consacré, puisque je porte en moi les germes d'une maladie que je cherche à éradiquer. C'est là, maintenant, dans cette église, que je dois ressentir la rédemption, recevoir l'absolution.

Je baisse la tête, et tente d'éprouver cette sensation que j'espère. Un soulèvement dans la poitrine, un souffle sur moi, quelque chose qui me fasse comprendre qu'Il est avec moi, que je ne suis pas seul et que la souffrance que j'ai endurée est enfin derrière moi. Un mauvais souvenir. Comme avec Thomas.

Mais rien ne vient, rien ne se passe. Je prie plus fort encore alors que la main de ma mère se glisse dans la mienne et la presse tendrement, comme si elle voulait accompagner mes efforts. Je la remercie d'un léger sourire. Sa compassion est primordiale pour moi. Mais je sais déjà qu'elle n'est pas suffisante. C'est moi qui vais devoir faire le chemin et pousser vers la sortie le mal qui me ronge. Me l'extirper. Me l'arracher.

La messe est finie et nous nous dirigeons vers le porche. Je ralentis l'allure, là-bas le soleil éclabousse le large perron et j'ai peur soudain de me retrouver dehors, loin de l'abri bienveillant des saintes arches.

J'ai raison d'avoir peur.

Alors que nous prenons la direction de la maison, je le vois. Il est adossé à l'un des arbres qui bordent la place minérale. Il a une jambe repliée, un pied sur le tronc, une cigarette à la main, du vent dans les cheveux, un regard infiniment profond. Infiniment malheureux. Un regard qu'il pose sur moi, un regard qu'il me dédie. À moi qui passe devant lui et qui fais semblant de ne pas le connaître.

À moi qui passe devant lui et qu'il transforme en torche vive.

***

Ma gueule de bois était carabinée. À la mesure de ce que j'avais absorbé. J'ai émergé tardivement dans une maison vide. Maman m'avait laissé dormir et par là-même autorisé à zapper la messe dominicale. Je lui en ai été reconnaissant, je n'étais en état de rien. J'ai erré tout au long de ce qui restait de la matinée, emmitouflé dans les vapes de cette étrange soirée. Me revenaient malgré moi le visage de Matéo, ses mots et surtout l'aveu qu'il m'avait fait : celui de m'avoir porté. Cela me dérangeait mais j'y revenais sans cesse. J'imaginais ses mains sur moi, mon corps inconscient entre ses bras, un abandon que je n'avais pas pu maîtriser, comme si pendant ces quelques minutes j'avais été à sa merci. Qu'est-ce que je croyais ? Qu'il avait abusé de moi ? Non, c'était ridicule. Je m'étais réveillé habillé, entier, sans aucun traumatisme. Alors quoi ? Il n'avait fait que me transporter d'un point A à un point B. Qu'est-ce qui me gênait autant, que je ne puisse effacer des images que je n'avais même pas vues ? Alors que je tentais de les chasser à coups de DVD ou de lectures, elles revenaient, s'incrustaient, happaient toute ma concentration. C'était insupportable. Je m'asseyais, me relevais, marchais, incapable de rester en place.

Le retour de mes parents m'a soulagé de sa présence invisible. Ils étaient revenus les bras chargés de chinoiseries comestibles.

— On est passés aux halles et on a dévalisé le magasin, avait rigolé mon père.

— Et encore ! Il a fallu que je mette le holà, sinon on pouvait ouvrir un restaurant ! s'est faussement énervée ma mère.

Ils riaient encore en défaisant les sacs, sortant une à une les barquettes aux parfums prometteurs. Je les regardais faire, émus par leur couple si solide, si amoureux malgré les années. L'humour avait toujours été l'un de leurs piliers. Je m'étais souvent demandé si moi aussi, un jour, je pourrais reproduire cela. Être avec quelqu'un, pour la vie, sans que le quotidien use notre complicité. Cela me paraissait presque exotique, tant les familles désunies étaient fréquentes si on écoutait les médias. Lorsque je m'interrogeais à voix haute sur le mystère de leur longévité, ils avaient souvent cette réponse :

— Notre mariage est solide car il est construit sur la foi. Dieu en est le protecteur. Croire en Lui, c'est croire en nous, croire en la vie, croire en l'amour.

Le sourire qu'ils échangeaient alors balayait tous mes doutes, toutes mes craintes. Et la réalité leur donnait raison, jour après jour. Ils étaient la preuve que c'était possible. Pourtant, j'avais du mal à me projeter dans ce schéma si rassurant. Ma grande sœur Marie, elle, était déjà fiancée et ne paraissait pas se poser autant de questions, bien décidée à reproduire le modèle parental. Elle était lancée sur des rails et certaine de son choix, alors que

Fabien, son amoureux, me semblait parfois si désagréable, si insipide, que je ne comprenais pas ce qu'elle pouvait bien lui trouver.

Mais mes parents l'avaient d'ores et déjà accepté comme futur gendre, lui offrant une place au sein de la famille. Je n'avais plus qu'à m'incliner.

— On attend des invités ? ai-je demandé face à la quantité extravagante de plats que je voyais surgir devant moi.

— Même pas ! On n'est plus que trois dans cette maison, et on prévoit toujours pour six, avait répondu papa.

— Six ? T'es gentil ! Je dirais le triple, facile !

Ils étaient en boucle et ravis de l'être. Je les ai laissés à leur déballage-surenchère et je suis remonté dans ma chambre pour enfiler une tenue plus appropriée que mon pyjama qui, à cette heure, trahissait trop ma nuit agitée.

À peine avais-je fermé ma porte qu'elle s'est réouverte sur l'air guilleret de ma mère.

— Ne cherche pas tes affaires d'hier, je les ai mises au sale. Tu t'es bien amusé ? Tu es rentré assez tard, il me semble.

— Je t'ai réveillée ?

— Non, je ne dormais pas. Tu sais comment c'est... À chaque fois j'ai du mal à trouver le sommeil quand je vous sais dehors à faire la fête.

Elle l'a dit d'une toute petite voix, fautive par avance d'une inquiétude forcément démesurée.

— Maman !

— Oui, bon... je me soigne, tu sais ! J'ai pourtant été à bonne école, surtout avec Marguerite ! Quelle fêtarde celle-là !

Un rire est sorti de sa bouche avant qu'elle ne reprenne, mi-confidente, mi-curieuse :

— Au fait, j'ai trouvé ça dans ton pantalon...

Elle a déplié le morceau de papier que j'avais oublié et j'ai eu envie de le lui arracher des mains, comme s'il allait la brûler. Je me suis retenu, les yeux vissés sur l'écriture de Matéo.

— C'est le numéro de qui ? Tu as rencontré quelqu'un à cette soirée ?

J'ai opté pour un silence buté qu'elle a accueilli par une petite moue déçue.

— O.K., O.K., je n'insiste pas. Ça ne me regarde pas, n'est-ce pas ?

— Non, en effet.

Et j'ai réussi à lui reprendre ce qui m'appartenait. Mais mon ton avait été plus cassant que je ne l'aurais voulu. Encore heureux qu'il n'ait pas ajouté son prénom, parce qu'elle était loin d'imaginer que c'était un garçon qui avait griffonné ces quelques chiffres, qui les avait déposés entre mes doigts en espérant que j'en ferais bon usage et, qu'effectivement, ils ne finiraient pas dans le tambour d'une machine à laver.

— Bon... Heureusement que je t'ai fait les poches quand même... Ne me dis pas merci.

— Merci... ai-je réussi à articuler du bout des lèvres.

Elle m'a souri avant de faire demi-tour et de me lancer :

— Allez, petit cachottier, habille-toi et viens manger avant que ton père ne nous laisse que des miettes !

Mais je suis resté planté au milieu de ma chambre, incapable de bouger ; le bout de papier scotché à ma paume. Le 07 s'étalait et me perforait les oreilles d'un « tu m'appelles ? » électrisant. Que pouvais-je en faire ? Confusément, je sentais que je ne devais pas donner suite à son invitation. L'idée de le jeter à la poubelle m'a traversé l'esprit. Au moins, j'en serais débarrassé pour de bon. Ce Matéo, après tout, je ne le connaissais pas. Il était plus vieux que moi, nous n'avions rien en commun. D'accord, il m'avait secouru à un moment où j'avais besoin d'un coup de pouce pour tenir debout, mais après, quoi ? Après, il m'avait porté, veillé, avait vérifié que j'allais bien. Était-ce suffisant pour l'appeler ? Pour lui dire quoi ? Merci peut-être... Je n'étais plus très sûr de l'avoir dit, le petit mot magique. Il m'avait aidé quand même. Juste ça. Le remercier, par politesse et puis basta. Je n'étais pas obligé de l'appeler en direct. J'avais son numéro, je pouvais me contenter d'un texto. Par correction. Voilà.

J'ai rentré son numéro, son prénom. Nouveau contact. Et puis j'ai tapé trois mots : *Merci pour hier.*

Sobre. Rapide. Efficace.

Peut-être que je n'attendais pas de réponse. J'aurais voulu y croire.

J'avais tort.

XVI

Thalia

Vingt-quatre heures. Pas une de plus. C'est le laps de temps maximal qu'elle avait pu tenir sans avoir de nouvelles. Le manque lui sciait le cœur. Le repas au burger du coin avec ses parents, l'après-midi à jouer aux jeux de société avec Arthur, les courses au supermarché tous ensemble et même le coup de main donné pour le ménage n'ont pas suffi à détourner ses pensées. Pourtant, une journée comme celle-là, Thalia n'en avait plus connu depuis... elle ne se rappelait plus. Une étoile filante dans une nuit d'encre, de quoi happer un peu d'air, avant de repartir en apnée, elle n'allait pas cracher dessus. Mais c'était loin d'être suffisant. Car, à chaque minute, son regard déviait vers son smartphone pour vérifier que Loïs ne lui avait pas écrit un petit mot, ne lui avait pas envoyé un petit smiley. N'importe quoi qui l'aurait fait sautiller sur place. Mais rien.

Jusqu'à quand Loïs allait-elle l'ignorer ? Est-ce qu'elle était fâchée qu'elle se soit barrée sans un mot ? Mais qu'elle crie, qu'elle l'insulte, qu'elle s'énerve ! Qu'elle lui montre que sa copine comptait pour elle... Tout sauf ce silence que Thalia comblait de mille façons, mille bandes-son, mille vidéos toutes plus insupportables les unes que les autres. Parce que tous les scénarios qui la colonisaient viraient au film catastrophe.

Quand les aiguilles de sa montre ont fini de faire le tour du cadran, Thalia est au bout de son impatience. Elle passe à l'action. Sa maison a replongé dans le noir, son petit frère est retourné dans son lit, son père repartira dans une semaine, sa mère a retrouvé un semblant de sourire. Il n'y a pas de raisons de ne pas continuer à surfer sur le mieux. Un peu de cran et d'espoir, même en mini-dose, pour s'assurer qu'elle n'a pas rêvé, qu'elle n'a pas été le jouet de son imagination. Merde ! Ce qu'elle a éprouvé est tellement réel. Elles ne peuvent pas en rester là. Il faut donner une suite à ce début, quitte à forcer le destin. Il est trop prometteur pour tirer un trait dessus. Elle est même prête à s'excuser d'avoir filé à l'anglaise.

— Allô, Loïs ?

Elle a décroché à la deuxième sonnerie, preuve, peut-être, qu'elle attendait son coup de fil. Tout pour se rassurer.

— Tiens... une revenante.

O.K., le ton n'est pas franchement sympa. Elle s'y attendait.

— Je suis désolée d'être partie en loucedé.

Une respiration profonde à l'autre bout du fil.

— Écoute Thal', ce n'est pas que de ta faute. J'ai merdé moi aussi. Avec mon frère dans les parages qu'était pas prévu, j'ai un peu perdu les pédales. J'étais mal à l'aise, quoi.

— Ouais, j'ai pigé. Ça m'a un peu vénère, j'dois dire.

— Je comprends. Mais t'aurais au moins pu m'appeler... J'ai attendu toute la journée.

— Ben... tu vois, j't'appelle, là.

— Il est deux heures du mat', meuf !

— Oui, ben, j'ai été vachement occupée. Il a fallu que je répare ma bécane, je me suis fait tirer ma roue arrière.

— Sérieux ?

— *Yes* ! En bas de chez toi...

— T'es rentrée comment ?

— À la nage !

— ...

— J'déconne. Le vélo à l'épaule... J'ai failli me la démonter...

— T'aurais pu finir en kit.

— Tu crois pas si bien dire. C'est quasi comme ça que je me sens.

— Je te vois venir... Il te faudrait une bonne mécanicienne...

— Du genre douée, comme toi, oui. Histoire de me remettre d'aplomb.

Deux sourires s'échangent sur les ondes. La querelle s'éloigne à tire-d'aile. Thalia hésite un quart de seconde avant de se lancer :

— C'était bien, non ?

— De quoi tu parles ?

— Oh ! ça va, Loïs, tu sais bien...

Un rire et puis :

— Oui. T'as raison, c'était bien. Canon même.

— Carrément.

Le bruissement de leurs souffles se télescope à distance. C'est un joli son. Plein. Sensible.

— Écoute, Loïs. J'voudrais qu'on officialise, tu vois ? Genre, ça fait quand même depuis la rentrée et même avant qu'on est ensemble. On pourrait être plus... naturelles.

Au changement de rythme de sa respiration, Thalia sent aussitôt une crispation chez Loïs. Celle-ci n'a même pas besoin d'ouvrir la bouche. Alors elle continue, refuse de perdre ce qui vient à peine de se matérialiser, même virtuellement, ce lien émouvant tissé à distance et en à peine quelques mots. Ces paroles qui viennent acter ce qui s'est passé entre elles la nuit précédente.

— Loïs, je ne te dis pas qu'il faut l'annoncer à la terre entière. Ni à ton frère, ni à nos parents. Mais dans la rue, au lycée... j'ai envie d'être avec toi. Le plus souvent possible, sans qu'on en fasse toute une histoire. Le truc normal, évident. On est en 2022, tu sais. On risque rien... On va pas nous lapider en place publique parce qu'on se tient par la main, par la taille ou qu'on échange un baiser. T'en penses quoi ?

— Pff... je sais pas. Tu vas un peu trop vite pour moi, là. J'ai pas envie de m'afficher en couple. Je me sens pas en couple avec toi, moi.

Un craquellement en direct s'opère dans la poitrine de Thalia. Ce n'est pas du tout la réponse qu'elle espérait. C'est celle qu'elle redoutait. Mais, du coup, elle l'avait anticipée. Parce qu'il vaut mieux tout prévoir si on veut rebondir, elle le sait depuis longtemps. Sa mère avait tout misé sur la réussite de son procès, l'échec l'a mise à terre. Hors de question de se laisser piétiner par le destin une deuxième fois dans cette baraque. Mieux vaut repartir à l'attaque.

— Loïs... c'est pas une demande en mariage ! Je voudrais juste qu'on s'interdise pas de s'enlacer ou de s'embrasser quand on en a envie. C'est tout.

— Oui. Peut-être. Faut voir. Tu sais, sous mes airs, je suis une pudique, moi. Faut pas m'obliger, tu vois ?

— Eh ! Pour qui tu me prends ? Je suis pas une harceleuse de rue, ou une violeuse en puissance.

Thalia tente l'humour à deux balles pour dissimuler sa déception. Elle aurait tellement souhaité que Loïs adhère à son désir de vivre leur amour au grand jour. De mettre leur relation en conformité avec leurs sentiments. C'est pourtant pas grand-chose. Positionner le curseur d'émotion pile au bon endroit. Être raccord avec ce qui bat en elle quand elle la voit, quand elle la touche, quand elle l'entend, quand elle pense à elle. Mais c'est visiblement trop demander.

— Bien sûr que non ! J'ai jamais dit ça ! Mais je n'ai pas envie de brûler les étapes, Thal'. On est bien comme ça, non ?

— Tu veux dire, sur nos lits respectifs ? Chacune dans notre chambre ?

— T'es conne ! Mais j't'aime bien, tu sais.

Thalia se jette sur le grand mot, oublie le petit, ce « bien » qui l'accompagne, qui le rapetisse.

— Moi aussi Loïs, moi aussi...

— Je sais, Thal' ! T'es une sentimentale de première ! Tu déchires ! On se voit demain alors ?

— Demain ?

— Oui, lundi... il est trois heures du matin maintenant et on est toujours dimanche.

— Ça roule...

— Et merci.

— Merci de quoi ?

— De m'avoir appelée.

— J'ai craqué la première...

— Tu es faible !

— La faute à qui ?

— Bonne nuit, Thal'...

— Ou ce qu'il en reste...

— J't'embrasse.

— Moi aussi Loïs. Fort.

Le téléphone se tait et Thalia reste immobile, un sourire extatique distend ses maxillaires. C'est presque trop beau pour être vrai. Loïs qui l'aime (même si c'est seulement « bien », même si c'est pas exactement ce qu'elle espérait), Loïs qui l'aime et qui le lui dit. Cette journée n'était pas qu'un simple météore finalement, l'étoile filante s'arrime au ciel et l'éclaire, l'éclabousse entièrement. Elle en tressaille. La sensation est intense.

Demain, oui demain, Thalia ira vers Loïs et la prendra dans ses bras. Devant les autres, face au monde, elle lui montrera que ses paroles ont un sens, une signification bien réelle. Tangible. Après des mots comme ceux-là, plus possible de louvoyer. Elle ira droit au but. Elle plantera ses yeux dans ceux de Loïs et elle lui prouvera, sans faire semblant, sans tricher, sans se cacher, combien elle l'aime, elle aussi. Et qu'il n'y a rien de mal, rien de moche, rien de sale. Mais au contraire que c'est bon, que c'est fou et que c'est beau. Que leur amour vaut tous les autres. Que si ça se trouve, il les surpasse tous !

Ce soir, les yeux grands ouverts sur le noir, cette perspective à l'horizon de sa nuit, elle n'a plus peur de rien.

XVII

Paul

Un prof absent et je suis en avance. Dans la rue déserte, je préfère faire les cent pas plutôt qu'entrer. Pas envie d'être le premier et de me retrouver seul face à Matthieu. Depuis quelque temps, je viens à Vers le Vrai un peu à reculons, l'impatience des débuts s'essouffle, l'espoir d'une guérison se craquelle. Je ne me sens pas changer. Ni dans un sens ni dans l'autre. J'ai l'impression d'être toujours le même et cette sensation de surplace me glace. Raconter ne m'a pas suffi, les prières n'ont pas de résultat tangible, je ne perçois aucun signe d'une quelconque amélioration. Et lorsque j'ai croisé Matéo, l'autre jour, ce que j'ai ressenti m'a pris au dépourvu, totalement déboussolé. Je ne pensais pas que sa simple vue me ferait me sentir aussi fragile, aussi ému. Je croyais avoir développé des parades, des moyens de résister alors que la vérité est tout autre. Je suis bien forcé de le reconnaître : il n'y a aucun progrès. Je reste aussi désarmé qu'avant face à lui. Incapable de réagir sainement, raisonnablement. Je dois admettre que mes sens s'affolent alors que je les souhaiterais maîtrisés, au mieux indifférents. Mais c'est tout le contraire... Alors quoi ? Qu'est-ce que je peux faire ? Accepter que jamais je ne serai délivré du mal ? Qu'il me faudra toujours être en résistance, constamment défier mes sentiments, mes désirs ? Ou redoubler d'efforts ? Mais comment vais-je pouvoir tenir alors que la lutte interne à laquelle je me livre m'épuise chaque jour davantage ? Je le sens, je suis éreinté. Alors que le bac se profile à vitesse grand V, je n'ai plus de courage, pas même une once de la concentration nécessaire. Mes notes commencent à s'en ressentir. Ma volonté se heurte sans cesse à ces effets non désirés mais bien réels qui me déstabilisent et réduisent mon travail sur moi-même à néant.

— Salut.

Je sursaute. Ludovic est apparu au coin de la rue. En avance lui aussi.

— Salut Ludovic.

Il regarde sa montre.

— On a un bon quart d'heure à poireauter avant que ça débute. Ça te dit un café ? Au moins, on sera au chaud.

Je le regarde, surpris. C'est la première fois qu'il me fait une telle proposition et je me demande quelle est la bonne réponse. Celle que Matthieu approuverait. Ne m'a-t-il pas mis en garde contre lui ? C'est idiot, pourquoi aurais-je besoin de son accord pour aller boire un verre ?

— Bonne idée.

Ludovic, qui a dû passer par le même questionnement, lâche un rire amer.

— Pas sûr que ce soit une « bonne idée ». En tout cas pas au sens que lui donnerait Matthieu.

Je souris malgré moi. Sa réponse nous fait complices et, pour une fois, ça me plaît d'être en dehors des clous. C'est peut-être lié à la fraîcheur du soir qui tombe, à l'invitation de Ludovic, ou encore au plaisir de « désobéir » à notre guide spirituel...

On se retrouve attablés à l'intérieur du Carpi, deux bières entre nous. Les bulles qui pétillent au fond de nos bocks me soulèvent le palais d'une allégresse qui m'a quitté depuis longtemps.

— Alors... c'est le bac cette année. Ça se passe bien ?

— Ça devrait... mais, bof, j'arrive pas à me concentrer.

— Tu m'étonnes...

J'ai peur de comprendre. Je le pousse à préciser sa pensée.

— Qu'est-ce que tu veux dire ?

— Matthieu et Vers le Vrai nous farcissent la tête avec leurs discours et leurs laïus... Ça laisse pas beaucoup de place pour le reste, pas vrai ?

— Tu n'as pas l'air d'y croire. Tu ne veux pas guérir ?

Ludovic rejette sa mèche d'un mouvement de tête, une flamme étincelle dans ses yeux alors qu'il me glisse :

— Guérir ? Je ne suis pas malade...

Le ton qu'il emploie me donne la sensation bizarre d'être terriblement naïf. Sa phrase me choque autant qu'elle me trouble.

— Ce n'est pas dans le sens d'une maladie qu'on le dit, je lui rétorque en empruntant les arguments de Matthieu, tu sais bien. C'est juste qu'il faut se défaire de ce poison qui nous pervertit l'âme...

— Ce poison... répète-t-il en appuyant sur les syllabes avec ironie. Comme c'est joliment dit !

— Mais... pourquoi viens-tu alors ?

— Parce que je n'ai pas le choix. Je viens pour ma mère et toute ma famille, qui croient dur comme fer que je vais aller brûler en enfer. Je leur donne le change... je suis hyper doué. Depuis toujours je fais semblant. Semblant de rentrer dans le moule, semblant d'être hétéro pour m'éviter les ennuis. Jusqu'au moment où je n'y arrive plus...

— Quels ennuis ?

— Oh ! Paul ! Dans quel monde vis-tu ? Tu n'as jamais été traité ? Subi d'attaques homophobes ? Ah ! Si ! Ton mec au théâtre, là...

— Mais... je ne suis pas homosexuel...

— Ah ouais ? Qu'est-ce que tu fous ici alors ?

À peine a-t-il prononcé cette phrase qu'un immense cratère s'ouvre dans ma poitrine, un siphon qui m'aspire violemment. Je n'ai pas été assez convaincant. Je ne suis peut-être pas aussi convaincu que je le voudrais. Sa question creuse un abîme où j'ai peur de me dissoudre. Parce qu'elle sonne si juste qu'elle me terrifie. Mes mains s'accrochent toutes seules au rebord de la table, comme pour m'éviter de glisser. Je ne m'en rends même pas compte. C'est le regard de Ludovic qui m'en fait prendre conscience. Je relâche ma prise d'un coup. Je ne tombe pas. Je reste là. Désemparé par les mots que nous venons de prononcer. Vrais ou faux, je ne sais plus.

— En fait... je suis perdu, Ludovic. Complètement paumé.

Il pose sa main sur la mienne. Je ne la retire pas tout de suite.

— Alors fais comme moi. Montre-leur que tu es exactement celui qu'ils veulent que tu sois. Plus vite ils te croiront guéri, débarrassé de « ce poison », plus vite tu sortiras de leurs griffes.

La phrase de Matthieu me revient à cet instant, surligne les mots de Ludovic, les étouffe sans que je ne demande rien : *Les démons l'appellent, l'attirent du mauvais côté.*

Ludovic ne se rend pas compte qu'il est tout sauf crédible, qu'il ne trompe personne et surtout pas Matthieu. Matthieu qui ne le pense pas du tout prêt à s'amender ou à changer. Et c'est avec lui que je parle. Avec lui que je vais au café. Je devrais faire plus attention, être plus vigilant, surveiller mes fréquentations... Pourtant, alors qu'on se lève, qu'on paye et qu'il marche à mes côtés, sa présence ne m'inquiète pas comme devrait le faire celle du Malin. Au contraire, pousser la porte de Vers le Vrai avec lui me semble tout à coup moins difficile, comme s'il me soulageait de quelque chose. Quelque chose que je n'arrive pas à identifier mais qui m'escorte et me pèse en même temps.

***

Gueule de bois ?

C'est comme ça que ça a commencé. Avec cette question moitié empathique, moitié ironique. Je me rappelle l'avoir reçue dans la foulée de mon *Merci*. Presque instantanément, comme si Matéo attendait le nez vissé sur son smartphone.

Je me suis laissé tomber sur mon lit pour lui répondre. On a commencé à tchatter. Une suite de propos décousus, sur le mode humour. Maman a dû m'appeler trois fois avant que je lève mes fesses pour aller déjeuner. Ensuite ?

Les textos se sont enchaînés, nous reliant plus sûrement qu'une cordée de montagnards. Mon téléphone bipait sans discontinuer. Un concert d'alertes aussi envahissant qu'enivrant.

J'ai vite appris que Matéo, en plus d'être le cousin de Paola, suivait des études de droit à la fac de Bourges. Qu'il y faisait sa licence avant de rejoindre un master, à Paris si possible, ailleurs de toute façon. Son rêve ? Devenir avocat.

Alors que je m'interrogeais encore, à deux doigts de remplir l'angoissant Parcoursup, sur la trajectoire que je voulais donner à mon avenir, j'enviais sa ligne directrice tellement plus en avance que la mienne.

On parlait de nos lectures, des films vus, de nos chanteurs préférés, des séries qu'on aimait, des faits de société ou de l'actu, mais aussi de conneries et de trucs absolument insignifiants. Sa compagnie virtuelle s'est étirée tout au long des vacances, m'est devenue quasi indispensable, sans que nous nous revoyions. Est-ce que, à ce moment-là, j'avais envie de le re-rencontrer ? Sobre et bien campé sur mes deux pieds, cette fois ? Je ne sais pas. Ces discussions foutraques, qui déboulaient sans prévenir sur mon écran, me suffisaient. C'était cool d'avoir un pote, un peu plus âgé, qui ne jugeait pas mais accueillait avec drôlerie mes maladresses comme mes prouesses intellectuelles, quand, parfois, je faisais preuve d'esprit – ou que je m'y essayais. Un jeu d'écriture rapide, franc, direct, qui rejoignait l'improvisation théâtrale que j'avais quittée deux ans plus tôt et qui m'avait manqué plus que je ne l'avais soupçonné. Des échanges qui ponctuaient ma journée de fous rires et de surprises.

J'ai fini par être tellement scotché à mon téléphone que maman s'en est émue :

— Qui peut bien t'envoyer autant de messages ?

— C'est mes copains... On joue en ligne. Du coup on a un groupe et, comme on est dix, ça défile...

C'est drôle, avec le recul, comme le mensonge m'est venu facilement, sans avoir besoin de le soupeser, de le fabriquer. Pourquoi avais-je répondu cela ? Je n'avais pourtant rien à dissimuler ! Rien de honteux, rien de dangereux... Pourtant, je l'ai fait. Sans même prendre le temps d'y réfléchir.

— Ce qui défile, c'est les jours, et je ne te vois pas beaucoup réviser... Le bac, c'est vraiment bientôt, je te rappelle. Il faudrait peut-être penser à moins jouer et à plus bosser.

— T'inquiète ! Je gère !

— Je gère ! Vous n'avez que ce mot-là à la bouche ! Tu me fais penser à mes élèves.

— Normal, maman, je SUIS un élève.

Elle avait souri avant d'ajouter :

— C'est vrai, mais en terminale. Ne l'oublie pas !

Elle avait tort de s'inquiéter. Ou plutôt, elle s'inquiétait trop tôt, parce qu'à l'époque, je révisais encore mes cours avec la ferme intention de réussir. Davantage encore que l'exemple de mes sœurs, celui de Matéo me donnait des ailes. J'avais envie de lui montrer que moi aussi je pouvais rejoindre le paradis estudiantin qu'il me décrivait parfois. Même s'il reconnaissait ne pas être dans une filière d'exception, il débordait de grandes espérances pour la suite.

Les cours ont repris et, bizarrement, alors qu'on avait moins de temps devant nous, c'est à ce moment-là qu'on a décidé de se revoir. Je ne sais plus lequel de nous deux a pris les devants. Après tout, on habitait la même ville, on avait pris le temps de s'apprécier et on s'était découvert pas mal de points communs. Ce n'était pas les deux ans qui nous séparaient qui pouvaient être un frein. C'est comme ça qu'on s'est donné rendez-vous dans les jardins de la Cathédrale, un vendredi après-midi. Comme lui, je finissais à seize heures et malgré ce début d'hiver qui mordait sur la luminosité et frigorifiait l'air ambiant, nous nous sommes retrouvés en face du toboggan déserté. J'étais déjà là, assis sur un banc quasi gelé, lorsqu'il est arrivé, essoufflé, les joues cramoisies par le froid ou par la course.

— Putain ! Ça caille ! Rappelle-moi pourquoi on s'est donné rendez-vous ici ?

— C'est toi qui as choisi l'endroit, je te signale.

Il a hoché la tête et j'ai remarqué qu'il avait les cheveux un peu plus longs que dans mes souvenirs, avec des reflets roux qui dansaient dans la masse noire. Je ne m'en souvenais plus. À vrai dire je ne me rappelais plus grand-chose. C'était comme s'il m'apparaissait pour la première fois. Je pensais avoir gardé de lui une image précise, mais c'était complètement faux. Matéo était un poil plus grand que moi, plus mince aussi. Il m'avait déjà avoué qu'il était tout sauf sportif et ça se voyait. Pas baraqué mais délié. Un visage souriant, à la fossette intrigante. Une physionomie avenante, dotée d'une élégance mystérieuse. Il était toujours en mouvement, ses mains décrivant des figures souvent inachevées qui donnaient envie d'en savoir plus. Il m'a levé d'autorité en me tirant par le bras :

— On va marcher, ça nous réchauffera.

Je n'ai pas remarqué tout de suite qu'il ne m'avait pas lâché, rapprochant son corps du mien, avec un tel naturel que je n'ai rien trouvé à y redire...

XVIII

Thalia

À travers la couche de nuages qui encombrent le ciel, une lueur s'évase. Elle tombe en pluie sur le sol, pile devant les grilles du lycée où s'attardent les élèves, en groupe ou par deux, fumant leur clope ou tapant des pieds pour se réchauffer. Les têtes casquées se rapprochent pour échanger quelques notes de musique, les écrans crépitent au rythme des *scrolls*, les exclamations fusent au milieu des rires qui se superposent. Dans cette ambiance d'avant-cours, Thalia s'avance sans ralentir. Elle a repéré Loïs, là-bas, au coin du bâtiment gris qui s'allonge au fond de la cour. Elle discute avec un mec, Enzo, oui, c'est ça son nom. Un gars de terminale qui la ramène souvent avec sa barbe de jeune loup et ses blagues à deux euros. Thalia le remarque sans le voir, sa silhouette n'interfère pas dans la vision sur laquelle elle se focalise. Loïs, emmitouflée dans sa doudoune, les mains dans les poches, les jambes croisées comme si elle désirait les enrouler à la façon des racines de ces arbres dont la carrure défie le ciel. La souplesse sensuelle qui se dégage de cette drôle d'attitude ramène direct Thalia à leurs ébats. Les images reviennent, l'éblouissent et aussitôt un sourire surgit de ces souvenirs soyeux, repousse le froid et ses dernières hésitations.

Elle est tout près maintenant. Alors que son pas ralentit, ses bras s'élèvent, s'élancent et l'enlacent. Loïs, coincée contre le mur, la laisse faire. Sans se dégager, sans résister, sans acquiescer. Elle se laisse engloutir par cette tornade impatiente, s'offre à l'étreinte. La bouche de Thalia, au lieu de glisser sur ses joues, dérive vers ses lèvres, les recouvre, les entrouvre, s'y attarde. Les yeux de Loïs se ferment. À peine.

— Ah ouais ! Vous gênez pas, les meufs !

Enzo s'égosille et son cri braque les regards sur l'enroulement que forment les deux silhouettes.

C'est déjà fini.

Combien de temps dans cet instant ?

Combien de plaisir dans ce baiser ?

Combien de douceur dans cette fusion ?

Thalia se rejouera souvent la scène, cherchant à y déceler toutes les émotions, toutes les sensations ressenties lors de cette caresse à ciel ouvert. Entre le silence du geste et le cri de protestation, c'est une inversion brutale et barbare des pôles que Thalia subit. Car Loïs a retrouvé l'usage de ses mains. Elle les plaque sur la poitrine de celle qui vient de l'embrasser et, sans ménagement, la repousse. Comprend que c'est en agissant ainsi, en se désolidarisant sans attendre qu'elle sauve sa peau. Par ricochet, en un éclair, Thalia se retrouve seule au milieu de la cour, en total déséquilibre, sans personne à qui se rattraper pour éviter la chute.

Le reste se déroule à la façon d'un cauchemar. Le visage de Loïs devenu illisible, le sourire pervers d'Enzo, les expressions surprises des autres qui s'empilent pour bâtir un mur.

Thalia recule, tangue au-dessus d'un vide invisible, s'éloigne sous un murmure épais dont la teneur lui échappe.

Elle aperçoit, au creux de son flou, une ombre courir, un téléphone brandi en guise de preuve. La preuve de leur baiser, la photo de l'infamie. Elle ne le sait pas encore mais cette image va très vite se répandre. Elle passe au travers, s'éloigne de ce lieu de bascule où la beauté de son geste a été défigurée.

Loïs, vite entourée, disparaît, avalée par un barrage de questions et de réactions. La curiosité malsaine de ceux qui veulent savoir, qui croient savoir, qui font savoir.

Thalia, dans un reste d'indécision, dans un réflexe d'espoir dérisoire, se retourne et assiste à l'humiliation suprême : la manche de Loïs sur ses lèvres. Un mouvement qui l'efface, qui la renvoie au néant. Pas une fois elle ne la cherche des yeux, n'ébauche l'action de la retenir. En une seconde, elle la nie.

Thalia enclenche le pilotage automatique, rejoint la salle du cours de philo et, pour la première fois depuis le début de l'année, fixe ses pieds, ne voit pas le tableau où la citation du jour trône en majesté. Elle file s'asseoir sans respirer. Ce n'est que lorsque la discussion s'engage autour d'elle que le brouillard où elle s'enlise s'estompe un peu. Mais son souffle retrouvé est de courte durée.

Son téléphone, sur silencieux, vibre au fond de sa poche et ses yeux plongent dans l'image qui se dévoile : elle avec Loïs, elle tout contre Loïs, et, comme si la photo ne suffisait pas, leurs deux prénoms en surbrillance pour bien les identifier, les accuser. Un autre mot, en rouge sang, a été ajouté à ce montage dégueulasse. *Gouines.* Un mot qui pue la haine.

Thalia cherche une issue, relève la tête, le regard exorbité de douleur et ne trouve que les lettres noires tracées au marqueur sur le panneau blanc qui mange le mur de la classe, cette citation de Sartre qui transpire la vérité et lui donne envie de hurler :

« L'enfer, c'est les autres. »

Et les autres, déjà, ont vu l'image qui se diffuse, envahit l'espace numérique, grâce aux applis qui se déchaînent pour les mettre au parfum. Ils se trémoussent sur leurs sièges, se retournent, lui jettent des coups d'œil indéfinissables... Comment savoir quand on attire l'attention comme un aimant, quand l'origine de cet intérêt subit est sûrement haineux ?

Thalia doit se décider : faire face ou s'enfuir ? S'éjecter de la salle en faisant valser sa chaise contre le mur est une option qu'elle ressent physiquement. Une sorte de fourmillement qui s'insinue en elle comme autant de décharges électriques.

Si elle reste... elle devra les fixer, indifférente ; les laisser penser, détachée ; les défier, fière. Le choix le plus difficile peut-être, mais le plus évident pourtant. Car qu'a-t-elle fait pour mériter un tel traitement ? Rien. Rien de plus qu'un autre couple. Si Loïs avait été un garçon, jamais une telle photo n'aurait circulé, jamais elle n'aurait été victime d'un tel dénigrement. Peut-être même que son niveau de popularité serait monté en flèche. Elle aurait aimé qu'au lycée on ait dépassé le stade crasse de l'injure publique. C'est quand qu'ils grandissent tous ces cons ? C'est quand qu'ils deviennent adultes ? Pas encore visiblement.

Même la prof finit par se rendre compte qu'un truc dérape.

— Oh ! Vous m'écoutez ou pas ? Qu'est-ce que vous avez aujourd'hui ? Vous êtes bien excités !

Personne, bien sûr, pour lui faire le topo de la situation : Thalia vient de faire son coming out et c'est la révolution sur les réseaux sociaux.

L'adolescente elle-même ne balance pas la haine qui sinue comme un crotale en cavale, d'Insta à TikTok en passant par WhatsApp...

Elle se tait mais elle choisit.

Elle fera face.

Elle assumera.

Parce qu'elle n'a rien à déguiser, rien à mentir, rien à regretter. Et tant pis pour les chiens galeux qui veulent l'accabler, lui faire honte ou l'injurier. Ce n'est pas à elle de courber l'échine. Elle n'a rien à se reprocher et surtout pas d'aimer. Thalia redresse le buste, passe sa main dans sa crinière en vrac, ravale l'eau qui a failli déborder, ferme ses traits en durcissant sa mâchoire. C'est décidé, entre elle et elle, à cet instant, alors que Mme Sensa réitère sa question, consciente qu'un drame dont elle ignore la teneur se joue dans l'air glacé de sa salle de classe.

— Alors ? Personne pour m'expliquer ? interroge toujours la prof de philo.

Thalia lève la main. Aussitôt tous les regards convergent vers elle. Puisque c'est elle qui demande la parole, ils n'ont plus besoin d'user de subterfuge. Ils peuvent la dévisager à loisir, aussi anxieux qu'impatients. Que va-t-elle dire ? Dénoncer ? Pleurnicher ?

Elle ouvre la bouche, ils vont vite être fixés :

— Sartre a raison. Mais l'enfer, j'y crois pas et les autres... je les emmerde !

XIX

Paul

— J'ai le plaisir de vous présenter Éloïse, elle vient de Paris pour vous rencontrer. Elle est psychologue familiale et va vous aider à mieux comprendre ce qui a pu vous pousser sur la mauvaise voie.

Matthieu, tout sourire, tend les mains vers une femme longue à la coiffure impeccable. Ses lunettes rondes au bout du nez, elle ressemble à une vieille gravure de mode qui aurait traversé les âges sans prendre une ride. Elle nous serre la main, d'une poigne ferme et résolue. Son visage sérieux me fait plutôt bon effet. Serait-elle celle que j'espère ? Celle qui va m'aider à y voir plus clair, à me remettre sur le droit chemin et à exfiltrer ce foutu poison qui encombre mes pensées ? J'ai un tel besoin de sortir d'ici l'esprit libéré de mes questionnements sans fin que, lorsqu'elle demande lequel d'entre nous souhaite avoir un entretien avec elle, c'est moi qui suis le plus rapide et lève le doigt en premier. Une vitesse de réaction qui me prend de court autant que les autres. Je n'ai pas réfléchi, j'ai agi par instinct. Je veux des clés. Maintenant. La situation me pèse trop pour qu'elle perdure.

Je la suis dans une alcôve protégée par un paravent chinois, deux chaises, une petite table, nous nous asseyons face à face. Je scrute ses traits à la recherche des réponses auxquelles j'aspire mais, bien évidemment, c'est elle qui me pose la première question :

— Alors, Paul, dis-moi : comment se compose ta famille ?

— Eh bien, je vis avec mes parents et j'ai trois grandes sœurs. Elles sont parties faire leurs études maintenant. La plus grande, Marie, va bientôt se marier et finit sa médecine à Toulouse. Marguerite, la moyenne, fait les Beaux-Arts à Limoges. Madeleine, elle, est en prépa littéraire à Angers.

— Et tes parents ?

— Papa est militaire. Aujourd'hui il s'occupe de communication et il est souvent en déplacement. Maman, elle, est prof à Bourges dans un collège privé.

Éloïse a sorti un petit carnet et se met à écrire frénétiquement. Je jette un œil sur ses notes. Elles ne ressemblent à rien. On dirait un gribouillage d'enfant, traversé de flèches qui partent dans tous les sens. Elle capte mon regard et me lance :

— Ne t'inquiète pas... moi, je m'y retrouve.

— Heureusement ! je lui lâche avec un sourire de connivence.

Mais elle ne se déride pas vraiment, reprend seulement le questionnaire :

— Donc tu as grandi dans un univers quasi exclusivement féminin ? C'est bien ça ?

— Euh... oui. Mais...

Elle ne me laisse pas finir, enchaîne :

— Ton père était absent souvent ?

— Régulièrement. Assez souvent, oui. Mais...

— O.K., je vois. Ta mère prenait le relais et tes grandes sœurs aussi, j'imagine. Elles ont participé à ton éducation ?

— Pas vraiment, elles étaient là mais...

Les trois *mais* que j'aligne ne servent à rien. Éloïse poursuit sur sa lancée comme si je n'avais pas mon mot à dire :

— C'est typique. Tu as, sans le savoir, éprouvé une sorte d'abandon paternel qui t'a naturellement poussé vers ta mère et tes sœurs. Ce sont elles qui, sans le vouloir, t'ont encouragé à développer ton côté féminin. Une sorte de compensation maternelle qui oblitère ta masculinité. Sans repère fiable et fort, tes sens se sont désorientés. Cette attirance envers les personnes du même sexe que tu as confessée n'est rien d'autre qu'une recherche de la figure paternelle. Tu dois en prendre conscience pour corriger ce penchant.

Je l'écoute et plus je l'écoute moins je comprends ce qu'elle me dit. Comment peut-elle imaginer une seconde que j'ai manqué de père alors que le mien, malgré ses voyages à l'étranger, a toujours été là pour moi ? Je m'encourage à lui couper la parole, mettre fin à ce laïus qui ne me ressemble en rien, et lance au travers de l'une de ses phrases :

— Je ne crois pas, non ! Mon père a toujours été présent pour moi !

— Mais tu te tournais vers ta mère à chaque problème, n'est-ce pas ? C'était plus facile puisqu'elle était là. Quant à ton père, ses absences répétées te le rendaient plus inatteignable, plus mystérieux. Une image lointaine dont la seule représentation était militaire. La force, l'ordre... Il te faisait peur et tu te réfugiais dans les bras de ta mère, dont la douceur a imprégné tes pensées et tes actes. Sa présence, conjuguée à celle de tes sœurs, a développé chez toi une faiblesse qui s'est révélée à l'adolescence par une attirance qui n'a pas lieu d'être.

Est-ce vraiment la réponse que j'attends ? La solution que j'espère ? Je fixe cette femme, cette professionnelle des esprits perdus, sans arriver à me réjouir de ce qu'elle m'assène comme une vérité intangible. Parce que rien de ce qu'elle me dit ne fait écho en moi. L'analyse qu'elle vient de me pondre à cent à l'heure est à mille lieues de moi et de mon vécu. C'est tout ce dont je suis sûr, alors que le sourire qu'elle pose sur moi me dit combien elle est fière d'avoir pu saisir l'origine de mon mal. La certitude qu'elle m'impose me laisse sans voix.

***

Nous avons écumé les terrasses chauffées, les bars, les parcs, les librairies, les musées, les salles de ciné et de spectacle. Bourges n'est pas Paris, mais les lieux chaleureux ne manquent pas à ceux qui veulent se retrouver malgré le froid et le gris. Si le premier rendez-vous était un test, il a été une vraie réussite, et a aussitôt été suivi par d'autres, de plus en plus rapprochés. On avait mille raisons de se voir. Il avait tant de choses à m'apprendre. Il m'aspirait crescendo vers mon futur. Passer du temps avec lui, c'était prendre de l'avance sur mon avenir d'étudiant, c'était brûler les étapes et me débarrasser des contingences de lycéen un peu plus tôt que prévu. Les heures que je déroulais à ses côtés me vieillissaient de quelques mois pour mon plus grand plaisir.

Nous devisions à bâtons rompus sur tout et rien. Les textos que nous avions échangés après la soirée n'avaient été qu'une pâle rampe de lancement à ce que nous partagions en vrai ! Une vraie complicité nous unissait, jamais je ne m'étais senti aussi proche de quelqu'un. Je n'avais tout simplement jamais eu d'ami comme lui.

Un jour, alors que nous buvions un chocolat chaud dans un salon de thé au pied des remparts, l'un de ces établissements cocons dissimulés entre les vieilles pierres, mon regard a été attiré par une fille debout près de la porte, venue acheter une boîte de thé. C'était Estelle. Surpris, je me suis rencogné contre le mur, de peur qu'elle ne me voie. Mon recul n'a pas échappé à Matéo :

— Tu la connais ?

— On est sortis ensemble... lui ai-je répondu de mauvaise grâce, comme si je lui dévoilais un secret honteux.

Il l'a examinée et a lâché du bout des lèvres :

— Mignonne.

Mais son ton avait quelque chose de cassé.

— Tu ne m'as jamais dit, a-t-il repris face à mon silence buté, mais... tu as une copine en ce moment ?

Sa question m'a désarçonné. Jusque-là nous n'avions jamais évoqué nos histoires de cœur, ni lui ni moi, comme si cela ne comptait pas. N'avait aucune importance.

Pourtant, là, son interrogation me remuait plus qu'elle n'aurait dû. Peut-être était-ce son intonation, moins curieuse qu'inquiète ? Mais de quoi pouvait-il s'alarmer ? Que pouvait lui faire que j'aie ou non une petite amie ? Et pourquoi avais-je du mal à lui répondre ? Pourquoi le « non » me venait-il à la bouche avec un goût étrange ?

C'était pourtant l'exacte vérité. La vérité toute nue. Je n'avais pas eu d'aventure depuis Estelle, depuis deux ans. Depuis l'affaire Thomas. Tout me remontait par vagues en cet instant. À cause de cette seule et unique question à laquelle j'avais peur de répondre, sans comprendre pourquoi.

— Non.

Et j'ajoutai, trop vite :

— Pas en ce moment.

Un voile est passé sur son visage. Une altération à peine perceptible de son expression qui ne m'a pas échappé. J'en ai éprouvé une peine que je n'ai pas pu anticiper. Comme si mon ajout de dernière seconde était de trop.

— Et toi ? ai-je alors rebondi pour chasser son silence.

Puisqu'on en était aux confidences sentimentales, j'étais parfaitement en droit d'en savoir autant à son sujet.

— Je n'ai pas de copine. Ni en ce moment... ni jamais.

— Comment ça ?

— Tu ne comprends pas ?

Matéo avait retrouvé son sourire, mais il était de guingois, sa tête appuyée sur son poing m'offrant un angle oblique. La tristesse que j'avais vaguement perçue s'était envolée au profit d'un air un peu narquois que je commençais à reconnaître lorsqu'il se moquait de moi et de ma naïveté.

— Euh, non...

J'étais sincère. Je ne voyais pas. Je refusais peut-être. Je me le suis souvent demandé par la suite. Comment j'avais pu être aussi aveugle. Ça me crevait pourtant les rétines, mais non, je n'avais rien compris au film qu'il déroulait devant moi depuis tous ces jours, toutes ces heures que nous arpentions ensemble et côte à côte.

— T'as pas compris, Paul ? J'aime pas les filles. Moi, mon truc, c'est les mecs.

— Tu veux dire... que... tu es...

— Gay. Oui, je le suis. Le mot te fait peur ?

Matéo ne détachait pas ses yeux de moi. Tout en souriant, il suivait en direct l'effet de ses mots sur ma peau. Il ne devait pas être déçu. De livide à rouge, j'ai dû passer par toutes les couleurs de l'arc-en-ciel. Celui-là même que j'avais vu flotter sur la Pride à la télé avant que ma mère ne coupe l'image. Comme si éteindre pouvait renvoyer au néant l'existence de tous ces gens qu'elle refusait de voir. Que nous refusions de voir. Que je refusais de voir. Sauf que Matéo était là, en face de moi. Et que ce qu'il m'avouait était bien davantage qu'une simple confession. C'était une déclaration. Elle vibrait au fond de ses iris qu'il braquait sur moi. Et leur lueur, animée d'un désir ardent qu'il ne pouvait pas réprimer, me coupait le souffle.

XX

Thalia

Son sac à ses pieds, plantée dans le couloir qui relie le CDI à la salle d'anglais, Thalia ronge frénétiquement ses ongles. Elle est en avance et les lieux sont vides : c'est exactement ce qu'elle cherche. Une solitude peut-être factice, forcément éphémère, mais qui lui permet de recharger ses batteries. Elle ne peut pas prévoir ce qui l'attend. Elle a déjà écopé d'une heure de colle par Mme Sensa qui n'a pas apprécié son dérapage verbal. La lycéenne a bien remarqué la déception comme la surprise qui ont brouillé les traits de la prof après sa tirade. Elle a subi la sentence sans moufter, sans s'expliquer, mais sans baisser la tête.

Le reste de l'heure avait ressemblé à un trou noir. Elle n'avait rien entendu, rien suivi. Lorsque la cloche avait sonné, elle était sortie de classe comme un automate malgré le poids des regards et des murmures qui accompagnaient chacun de ses pas. Les yeux fixes, Thalia s'était concentrée sur sa démarche pour ne pas plier : avancer sans se presser, avec un dédain affiché pour tout ce qu'on pouvait penser d'elle. Juliette, une fille plutôt sympa jusque-là, avec laquelle elle avait souvent partagé ses écouteurs, avait bien tenté une approche mais Thalia n'était pas en mesure de l'écouter. Elle préférait se fermer à tout, même aux possibles mots de réconfort, plutôt que de prendre le risque d'une insulte. Le courage qu'il lui avait fallu pour éjecter cette phrase et pour rester assise sur sa chaise l'avait épuisée. Par instinct, elle s'était éloignée de la cohue grondante pour se réfugier dans un coin calme de l'établissement. Un moment de répit qui serait fatalement trop court. Dans un geste écœuré, elle avait aussi coupé son téléphone pour éviter la tentation de voir les commentaires haineux qui tombaient plus vite que la grêle un jour d'hiver. Elle n'avait jamais jusque-là bénéficié d'une telle attention, jamais cherché à être un centre d'intérêt quelconque, préférant l'anonymat aux éclaboussures des projecteurs braqués sur des filles comme Nina ou Mélodie, qui attiraient la lumière à chacune de leurs apparitions. Et elle s'en serait bien passée...

Dissimulée dans son recoin, elle n'espère même plus échapper au monstre qui est en train d'éclore sur les réseaux. Avoir coupé son portable ne la protégera pas éternellement, elle le sait. Ce qu'elle a entrevu est édifiant, cet alignement vertical de mots plus dégueulasses les uns que les autres ne peut pas mentir. Mais, au moins, elle peut souffler. Ou plus exactement, elle aimerait. Car l'image s'incruste, avec ses lettres fluo qui crépitent comme autant de balles traçantes.

Des rires montent de l'escalier. Spontanément, le corps de Thalia se contracte, comme s'il flairait un danger. Trois silhouettes se rapprochent. Deux gars et une fille. Elle les connaît, ils sont en terminale, comme elle. Mais dans une meilleure classe, celle qui regroupe les tronches de l'établissement, promis à un bel avenir. Fils et filles à papa. Elle n'en sait rien mais les préjugés ont la vie dure. Il n'y a qu'à voir comment ils se fringuent, les marques qu'ils trimballent sur leurs vêtements. Autant d'idées préconçues qui lui viennent à toute vitesse, qui voudraient la blinder alors qu'ils se dirigent droit sur elle. Pas de doute possible, Thalia est leur cible. La solitude qu'elle cherchait se retourne contre elle. Personne d'autre en vue dans cette enfilade de portes fermées. Il est bien trop tôt. Tout le monde est à la cantine. Ou dehors. Personne ne lui viendra en aide si ça part en cacahuète.

— Tiens, tiens... qui voilà ? grimace le premier mec, dont le nez pointe salement en avant.

— La nouvelle star des réseaux, glapit le deuxième en agitant son smartphone.

— Oui, c'est elle, renchérit la fille en ouvrant des grands yeux, comme si elle était face à une apparition.

L'interpellée se raidit. Elle sent la base de son crâne ricocher contre le mur.

— Alors comme ça, tu kiffes les meufs ? reprend le type au blase proéminent.

— Miaou, miaou... chuinte le second en exagérant les sons.

— Une vraie petite chatte, rigole la nana.

Ils se sont campés autour d'elle. À gauche, à droite, devant : ils la cernent. C'est la première fois que Thalia regrette de ne pas être plus grande, plus musclée, plus n'importe quoi pour leur tenir tête ou leur faire peur. Mais à trois contre une, elle ne se sent pas de taille à faire front. Où est Loïs ? Pourquoi n'est-elle pas à ses côtés pour l'aider à repousser ce trio d'imbéciles ?

— Qu'est-ce que ça peut vous foutre ? Bande de cons, finit-elle par articuler.

Mais sa voix n'est pas à la hauteur de ses mots. Elle est faible, fragile, quasi inaudible.

— Qu'est-ce qu'elle dit ? J'ai rien compris ! T'as entendu, toi, Pat' ? questionne faussement Nez-en-avant.

— Non plus... répond la fameuse Pat'.

— Pareil, réagit l'autre.

Et en penchant son torse en avant il ajoute :

— Répète un peu pour voir.

La poitrine de Thalia se soulève trop vite, oppressée par la présence envahissante que lui impose la bête à trois têtes. La respiration qu'elle expire par la bouche n'est plus que saccades anarchiques. Mais qu'est-ce qu'ils cherchent ? Ça ne leur suffit pas de baver leurs commentaires odieux sous pseudos débiles ? Il faut qu'ils poursuivent leur petite entreprise de démolition en vrai ? En présentiel ?

— Allez, rigole Pat', fais-nous plaisir. Répète un peu qu'on soit sûrs !

— Ha, ha, ha, pour ça faudrait qu'elle ait des couilles, ironise Nez-en-avant.

— Va savoir... elle en a peut-être ?

— Oh ! Malik ! T'y vas fort, pouffe Pat'.

— T'as raison, elle peut pas en avoir puisque c'est une gouine ! siffle le dénommé Malik.

Thalia ne sait pas pourquoi mais son cerveau disjoncte pile à cet instant-là. Dans la seconde ses poings se ferment et prennent le relais. Ils se mettent à frapper sans distinction, sans discontinuer. Elle sent la résistance de ceux qui lui font face, la masse de leur chair, l'étoffe des vêtements, la chaleur de leur sang. Plongée dans un épais brouillard, elle tape, elle cogne avec une violence fulgurante, à la mesure de celle dont on l'a saturée. Les trois idiots se mélangent en un seul corps, un seul ennemi qu'elle voudrait abattre. Mais la douleur claque dans ses jointures, remonte le long de ses bras, l'entaille jusqu'à la poitrine. Parce que les autres, une fois la surprise passée, se sont mis en ordre de bataille pour lui donner la réplique. Pour la stopper. Elle se sent prise en étau sans arriver à déterminer qui la serre si fort ni comment ses coups sont entravés. Tout ce qu'elle comprend, c'est que c'est elle maintenant qui est transformée en punching-ball. Et la lutte est trop inégale pour qu'elle résiste.

Un cri retentit quelque part au fond de son crâne. Un éclat de voix qui met fin à l'attaque. Thalia sent qu'on la lâche, la tension redescend brutalement de plusieurs crans. Dans son champ de vision, des silhouettes floues reculent, se figent. Il lui faut un certain temps pour faire le point, pour reprendre pied dans la réalité, pour savoir qui est qui.

— Mais qu'est-ce qui se passe ici ? Depuis quand vous prenez le collège pour un ring de boxe ?

Isabelle Coste, la prof doc, se dresse au milieu des belligérants, tremblante de colère. Ses yeux lancent des flammes et son timbre dérape méchamment dans les aigus.

Les bras de Thalia sont retombés le long de son corps et elle a l'impression que seul son cœur bouge encore.

L'enseignante les attrape un à un et les pousse sans ménagement vers le bureau du chef d'établissement.

— Allez ! Vous allez devoir vous expliquer ! On ne peut pas admettre de tels comportements dans cette enceinte. C'est lamentable.

Déjà Pat' geint que c'est Thalia qui a commencé. Qu'elle n'y est pour rien. Les deux autres préfèrent garder le silence, mais les coups d'œil qu'ils se lancent cachent mal leur complicité. Ils ne sont pas près de reconnaître les faits. Comme leur copine, ils vont nier. En passant ses doigts gourds sur sa joue boursouflée, Thalia sait déjà qu'elle sera seule contre trois. Que sa version, il va falloir qu'elle la défende.

Coûte que coûte.

Bec et ongles.

XXI

Paul

— L'homosexualité naît d'un manque de virilité, lui-même provenant d'un modèle parental dysfonctionnel. Vous avez tous, je m'en suis rendu compte, un passif familial fort qui vous a empêchés de vous construire normalement, qui a dévié vos sens vers un non-sens.

Éloïse fait une pause, soupèse le poids de ses mots sur nous, fière de sa tirade. Elle nous a consultés tour à tour, en un temps record, et nous livre ses conclusions. J'ai la sordide impression d'avoir été passé dans une essoreuse. Sa démonstration express n'arrive pas à me convaincre. Impossible d'adhérer à la théorie qu'elle assène. Je ne peux supporter qu'elle incrimine mes parents, qu'elle les rende responsables de ce qui m'arrive. Et pourtant tout cela semble si simple dans sa bouche ! Je jette un œil aux autres. Laura mâchonne nerveusement une mèche de ses cheveux, les yeux baissés. Danny a posé les coudes sur ses genoux, le buste tendu vers Éloïse comme si elle délivrait une parole sacrée. Émile, quant à lui, secoue la tête, semblant tout approuver sans discernement. Ludovic, le dos bien calé contre son dossier, affiche un air impénétrable. Suis-je le seul à ne pas gober toutes ses assertions ? Pourquoi ne suis-je pas en mesure de la croire ? Pourquoi mon cerveau se révolte-t-il ? Pourquoi est-ce que je reste bloqué en mode *no way* ? Pourquoi ai-je l'impression que ce qu'elle avance est trop facile ?

À côté d'elle, Matthieu surveille nos réactions. Ses iris, à la manière de deux rayons ultraviolets, se posent sur moi et je me raidis instantanément. Je tente de prendre un air intéressé. Genre, concerné. Pas sûr que ça fonctionne. Je me rappelle ce que m'a soufflé Ludovic : *Montre-leur que tu es exactement celui qu'ils veulent que tu sois. Plus vite ils te croiront guéris, plus vite tu sortiras de leurs griffes.*

Mentir. Faire semblant. En suis-je vraiment réduit à cela ? Je ne suis pas venu à Vers le Vrai pour ça. C'est tout le contraire. Plus les séances s'ajoutent les unes aux autres, et moins j'y crois. Ça me fait mal de penser cela et pourtant...

— Paul ? Tu veux ajouter quelque chose ? m'interroge notre guide spirituel, comme s'il avait deviné mes pensées.

J'ouvre la bouche pour répondre, mais rien ne sort. Pas évident de mentir au grand jour. À haute voix.

— Paul... reprend-il un ton plus bas. Ce n'est pas rien de s'appeler ainsi.

Je ne comprends pas où il veut en venir. Il s'en aperçoit, ébauche un sourire avant de continuer :

— Sais-tu ce qu'a déclaré l'apôtre Paul, dans son épître aux Romains ?

Et comme je reste muet, Matthieu poursuit :

— Il a condamné ceux qui « abandonnant les rapports naturels avec la femme se sont enflammés de désir les uns pour les autres, commettant l'infamie d'homme à homme ».

Un blanc suit sa citation. Pourquoi me dit-il ça ? Parce que c'est bien à moi qu'il s'adresse. À moi et à personne d'autre. Il me fixe avec une telle intensité qu'elle me percute le plexus. Je ressens un choc presque physique. Il fait de mon prénom un ennemi. Charge mon identité d'une responsabilité lourde de plusieurs siècles. C'est horrible. Pour la première fois me vient à l'esprit que je déteste cet homme, ce lieu, ce groupe. Alors qu'il cherche à me ligoter à lui et à ses certitudes, c'est tout le contraire qu'il obtient. J'ai besoin de respirer. Loin. Très loin d'ici.

***

Je ne sais plus comment je suis rentré chez moi ce jour-là. L'aveu de Matéo m'a tellement déstabilisé que j'ai erré longtemps avant de retrouver le chemin de la maison. Je ne savais pas quoi faire de ce qu'il m'avait révélé. J'étais ami avec un gay. Un homo. Et il n'avait pas seulement confessé son statut, il m'avait aussi fait comprendre que je lui plaisais. Bien sûr, j'ai repensé à Thomas, à sa réaction, à ses mots qui m'avaient cloué sur place. Je me suis demandé si je n'aurais pas dû les éjecter à mon tour, refuser en bloc cette attirance qu'il me déballait sans pudeur. Tout faire pour me soustraire à l'emprise de ses yeux. Je m'en suis révélé incapable. Je suis resté assis sur ma chaise, à l'écouter, à tenter de comprendre l'impossible. Le plus terrible, ce n'était pas ce qu'il me disait, mais bien le trajet que chacune de ses paroles effectuait à l'intérieur de moi et qui me désorientait. Un zigzag étonnant, un sentier lumineux, qui aurait dû me révolter, qui aurait dû me répugner, mais qui trouvait pourtant un moyen de s'ancrer, d'aller toujours plus profond. Je n'avais ressenti aucune colère, aucun dégoût. Au contraire. Sa sincérité, sa tendresse étaient vraies. Je mentirais si je disais que Matéo n'avait pas su me toucher. Je l'ai laissé parler. Je n'ai rien répondu. D'ailleurs, il ne me demandait rien. Il avait bien compris, m'apprit-il, que je n'étais pas très ouvert sur la question. Que mon éducation, ma foi – que je ne lui avais jamais cachée – n'étaient pas en faveur d'une telle révélation. Mais peu lui importait, il avait senti chez moi une sensibilité particulière prête à accueillir sa déclaration.

— Je ne te l'aurais pas dit si ce n'était pas important. Notre amitié est entrée dans quelque chose d'autre depuis quelque temps. Quelque chose de plus tendre. Je le ressens très fort. J'ai besoin d'être avec toi, d'échanger avec toi. J'ai besoin de toi dans ma vie.

Tout ce qui sortait de sa bouche me soufflait, me bouleversait, me retournait. Pour lui, il n'y avait pas d'erreur possible. Il ne s'était encore jamais trompé. Jamais il n'aurait osé ce qu'il était en train de faire s'il n'était pas certain de mon inclination forcément secrète. Secrète à moi-même.

C'est là que je me suis levé. Là, j'ai dit « stop ». C'était trop. Ce qu'il énonçait avec tant de douceur me rappelait Estelle et son « ce n'est pas grave, tu sais ».

J'aurais dû les présenter l'un à l'autre, ils se seraient bien entendus. Comment pouvaient-ils être si sûrs de ce que j'étais, de ce que je ressentais, alors qu'en moi tout était sens dessus dessous ?

— Pars. Réfléchis. Et appelle-moi quand tu voudras. Moi, je serai là.

Voilà les mots qu'il a prononcés, alors que, toujours assis, il tendait un visage fiévreux vers moi. Mais je remettais mon manteau, mon écharpe, mes gants avec des mouvements nerveux. Il n'a pas cherché à me retenir, il s'est contenté de me suivre des yeux. Son regard m'a accompagné tout au long de mon retour. Sa voix aussi.

Que pouvais-je faire ? Réfléchir, m'avait conseillé Matéo. Mais tout tournait à mille à l'heure dans ma tête. Je n'arrivais plus à y voir clair. Une tornade à la place du cerveau.

Loin de lui, j'ai cherché à retrouver mon équilibre. À me libérer de sa présence, à reprendre mes habitudes. J'ai laissé couler du temps, des jours, espérant que chaque nouveau lever de soleil m'apporterait la délivrance que j'attendais. Quelle erreur ! Son souvenir m'accompagnait partout. Sa silhouette se dessinait à chaque coin de rue que nous avions arpenté ensemble. Son visage m'apparaissait dès qu'un sujet dont nous avions parlé ensemble était évoqué à la radio. Ses mains, ludions volants, surgissaient à tout moment. Et la nuit ne m'apportait aucun réconfort. Mon sommeil était agité de rêves plus ou moins érotiques, toujours signés de son nom. C'était très dérangeant. Très perturbant.

Comme il me l'avait promis, Matéo ne cherchait pas à me joindre. La batterie de mon téléphone, qui s'était tant déchargée à force de SMS échangés avec lui, était mise au repos forcé. Par cette distance que je lui imposais, je pensais me mettre à l'abri. Je me trompais. L'absence de Matéo me pesait, affectait mon humeur, me rendait irritable. Prenait toute la place. Papa me reprochait mes silences lors des repas, maman m'agonisait de questions. Ils s'inquiétaient de mon air sombre et de mes rebuffades chaque fois qu'ils tentaient de communiquer avec moi.

Je ne pouvais plus laisser les choses empirer. Il fallait que je crève l'abcès. Que je réponde à Matéo, même si c'était avec quinze jours de retard.

Il faut que je te parle.

Mes yeux ont fixé l'écran sans ciller. La réponse a fusé presque immédiatement, me brûlant les rétines.

Viens ce soir. Je t'attends chez moi.

XXII

Thalia

Assise sur une chaise branlante, Thalia tente de maîtriser le tremblement qui s'empare de son corps. Sa jambe hoquette violemment sans qu'elle arrive à la stopper. Sa langue fait l'essuie-glace sur ses lèvres tuméfiées. Son œil et sa pommette droits la lancent avec violence. Elle ne doit pas être belle à voir. Rapidement elle vérifie qu'elle n'a pas été la seule à morfler. Pat' se tient le poignet comme s'il était en cristal, Malik arbore une éraflure sur le menton et le grand pif du troisième est caché dans un mouchoir. Thalia retient un sourire, elle n'a pas tapé dans le vide. Cette idée lui réchauffe l'estomac. Si elle doit payer, au moins, que ça en vaille la peine. Les cicatrices laissées sur ces abrutis sont autant de petites victoires à fêter. Une fête très personnelle, c'est clair, mais indispensable pour relever la tête quand le proviseur fait son entrée et les somme de le suivre dans son bureau.

— Alors ? Pouvez-vous m'expliquer la raison pour laquelle vous en êtes venus aux mains ?

M. Pirlo – dit Le Pire-lot – ne s'adresse qu'à l'un d'entre eux. Celui qui a le nez en sang est visiblement l'interlocuteur qu'il s'est choisi, posant sur lui un regard noir de jais. Comme pour confirmer son choix, il l'apostrophe :

— Monsieur Benoît Campi, je vous écoute.

Pourquoi lui ? se demande Thalia, comprenant aussitôt que Nez-saignant est le chef de cette mini-meute, que c'est lui qui va donner le tempo du récit.

— C'est simple, monsieur Pirlo, on allait tranquilles en cours, quand elle, dit-il en la désignant d'une main molle, nous a sauté dessus. On lui avait rien fait. On rigolait, elle l'a pris pour elle. On sait pas pourquoi...

— Vous êtes d'accord ? questionne le proviseur en se tournant vers les deux autres. Vous confirmez ?

Malik s'empresse de hocher la tête sans ouvrir la bouche. Pat' prend la parole pour soutenir la version de Benoît :

— C'est exactement comme ça que ça s'est passé, oui. Elle nous a agressés, elle m'a cassé le poignet si ça se trouve ! ajoute-t-elle, larmoyante, en levant vers lui son membre agonisant.

— En sortant d'ici, vous irez tous à l'infirmerie. En attendant, comme vous n'avez pas l'air d'être à l'article de la mort, j'ai encore besoin de précisions. Vous, mademoiselle Furas, pourriez-vous me raconter ce qui s'est passé ? De votre point de vue ?

Il se tourne vers elle, les sourcils en arc de cercle. Interrogatif ou dubitatif ? Thalia n'arrive pas à trancher. Elle s'en fout. La vérité, c'est elle qui la détient. Pas eux. Alors elle explique. Tout. Et tant pis si elle trébuche sur les mots, si elle doit s'y reprendre à deux fois. Elle ira jusqu'au bout.

— Quelqu'un a pris une photo de moi ce matin... Depuis, elle circule avec mon nom et celui de mon amie. Elle est ornée d'un superbe « gouines ».

Lorsqu'elle lâche le terme, M. Pirlo se contracte sur son siège. Thalia poursuit sans y prêter attention :

— Depuis j'ai dû éteindre mon téléphone pour ne pas lire tout ce qu'ils crachent.

— Ils ?

— Leurs petits copains à eux. Les mêmes. Ils m'insultent en boucle avec leurs commentaires haineux.

Elle n'a pas besoin de fixer le trio pour le deviner en train de devenir livide. Ou furieux. Elle s'en moque.

— Poursuivez...

— Je m'étais posée dans le couloir du CDI pour avoir la paix. J'avais besoin de respirer, de me calmer. Et là, ils débarquent. Ils m'insultent. Ils me traitent. Vous voulez savoir ce qu'ils m'ont dit ?

Thalia plonge ses yeux dans ceux du proviseur, s'y accroche, y mesure le degré de confiance qu'il place en sa parole. Il l'encourage d'un mouvement sec du menton, elle se lance :

— Ils m'ont dit que j'étais la reine des réseaux, que j'avais peut-être des couilles, que j'étais une vraie chatte. Une gouine. Voilà ce qu'ils ont dit.

Un silence visqueux s'ensuit, qu'elle brise très vite :

— Alors c'est vrai, je les ai frappés. J'étais plus en état de réfléchir, vous voyez ? Plus capable de rester calme... Fallait que je me débarrasse de tout ça. Mais ils ont répliqué, ils ne se sont pas laissé faire. Et j'ai dérouillé moi aussi.

Voilà. Elle a raconté. Sans trahir la vérité. Sans en rajouter. Pourtant, les trois abrutis se récrient aussitôt. En un joli chœur de menteurs. Elle ne réplique pas, ne contre pas leurs attaques sournoises. Elle les laisse dire. De toute façon, elle n'a plus rien à ajouter.

— Stop ! s'agace le directeur. Taisez-vous maintenant. Je voudrais bien que vous me montriez cette photo, Thalia.

Elle ne s'attendait pas à devoir prouver ses dires, mais elle s'exécute. Extirpe son smartphone du fond de son sac, le rallume d'un pouce nerveux et fait défiler les images pour trouver celle qui est à l'origine de tout ce foutoir. Sauf que, plus elle la cherche, moins elle la trouve. Sur son écran le défilé s'accélère, fait de vains allers-retours : rien. Ils l'ont virée. Supprimée. Effacée.

Impuissante, elle lève les yeux vers son public qui attend la preuve de ce qu'elle avance. Leurs visages la contemplent et ceux des trois compères affichent une telle morgue qu'elle se sent pâlir. L'échange de regards qu'elle intercepte entre les deux tarés ne lui laisse aucun doute : ils se sont arrangés pour détruire l'objet du délit. Mais comment ? Par quel miracle, alors qu'ils étaient escortés par Isabelle Coste, ont-ils réussi à ce que la photo soit rendue au néant ? Alors que l'idée chemine en elle, Thalia perçoit le rictus de Benoît et soudain un flash lui explose à la tronche. Comment a-t-elle pu ne pas le reconnaître ? C'est lui qui courait droit sur elle avec son appareil photo ! Elle le revoit nettement maintenant, avec son pif de Cyrano. L'envie de l'étriper sur place fuse dans ses artères.

— Tu l'as supprimée ! accuse-t-elle en le pointant du doigt.

À moitié dressée, les cheveux en bataille, elle doit avoir l'air d'une folle alors que Benoît, avec un calme olympien, ouvre les mains et affiche une figure innocente.

— Thalia ! Reprenez-vous, s'il vous plaît. Je vais être obligé de convoquer vos parents, ajoute Pirlo d'un ton désolé.

Elle se tourne vers lui, les yeux écarquillés. Qu'est-ce qu'il dit ? Pourquoi lui parle-t-il de ses parents ? Cette histoire ne les concerne pas ! Elle est majeure, elle fait ce qu'elle veut ! Une immense vague gonfle sa poitrine. Thalia va craquer, répandre son chagrin dans cette pièce, devant ces salauds qui la démolissent et devant cet homme qui refuse de la croire. Occupée à réprimer les larmes qu'elle sent monter à une vitesse vertigineuse, elle ne peut empêcher le proviseur de décrocher son téléphone. Déjà, il compose le numéro de chez elle. Il va forcément tomber sur sa mère, qui est tout le temps à la maison, à ne rien faire. La seule chance de Thalia, c'est qu'elle n'ait pas le courage de répondre, qu'elle n'ait pas assez de volonté pour se traîner jusqu'ici. Mais non ! Son père est là ! C'est tellement rare qu'elle oublie toujours cette possibilité. D'ailleurs c'est son timbre grave qu'elle surprend à l'autre bout du fil et ça la glace. Surtout lorsque le proviseur lui annonce :

— Tes parents arrivent. On va les attendre ensemble, d'accord ? Vous autres, filez à l'infirmerie et ne croyez pas que vous êtes sortis d'affaire. Mon enquête n'est pas finie.

Pas sortis d'affaire, mais libres, s'insurge Thalia. Pas comme elle, obligée de rester sur place, en face de cet homme dont le regard la dissèque. C'est tellement injuste ! Il lui tend une boîte de mouchoirs et tente une parole rassurante :

— Je suis sûr que tout va s'arranger. J'y veillerai personnellement.

Thalia secoue la tête sans y croire. Alors que les aiguilles crapahutent sur la pendule accrochée au mur, se mettent même à galoper, elle voudrait les retenir. Car la perspective de l'arrivée parentale, quasi imminente maintenant, sans qu'elle puisse déterminer exactement pourquoi, lui broie les tripes d'avance.

XXIII

Paul

— Comment vas-tu, mon chéri ?

Une question banale dans la bouche d'une mère ? Non. Je crois que c'est la première fois qu'elle me la pose depuis que j'ai commencé à suivre les séances de groupe de VLV et elle n'a rien à voir avec ma santé. A-t-elle senti, ce soir, que je n'étais pas dans mon assiette ? N'ai-je pas réussi, au cours du dîner, à donner le change aussi bien que d'habitude ? Toujours est-il qu'elle demande comment je vais avec l'intonation inquiète de celle qui a un peu peur d'entendre la réponse. Sa voix est basse, faible, presque timide.

Nous sommes assis dans le salon, sur le canapé crème qui fait face à la baie vitrée. Je devine les branches du bouleau qui griffent la nuit, au rythme des bourrasques hivernales. J'ai pris un magazine que je feuillette sans parvenir à me concentrer. Maman m'a rejoint, une tisane fumante à la main, et s'est posée à côté de moi. Si délicatement que j'ai à peine senti s'affaisser les coussins. Je ne sais pas quoi lui répondre. Est-ce que je dois lui expliquer que tout est sa faute ? Que, si j'en suis là, c'est à cause d'elle ? D'elle et de papa ? Et de mes sœurs aussi, j'oubliais. Bref, de tout le monde sauf moi ? Mais que c'est moi qui suis puni ? Moi et moi seul qui dois lutter contre les sentiments qui m'envahissent ? Dont l'origine provient de mon éducation trop féminine ? Formuler ces pensées, même silencieusement, m'arrache un sourire involontaire. Cela me semble tellement ridicule !

— Tu ne me réponds pas, mais tu souris ! se félicite maman, en retrouvant un timbre plus joyeux.

Si seulement elle savait pourquoi ! Je crois qu'elle s'offusquerait plus que moi, qu'elle s'étoufferait dans sa boisson. J'essaye de lui tendre le visage qu'elle attend.

— Ça va, maman.

— Comment ça se passe... là-bas ? Tu ne nous en parles pas beaucoup.

— C'est la première fois que tu me le demandes...

— C'est vrai. J'espère toujours que tu vas prendre les devants. Mais rien ne vient, alors je voudrais savoir.

J'inspire profondément. J'hésite. Qu'est-ce que je peux lui dire ? Que je n'ai pas l'impression d'avoir changé ? Que toutes ces réunions ne mènent à rien ? Que je perds mon temps ? Mon énergie ? Que mon espoir de guérir est en train de fondre comme banquise au soleil ? Que j'ai peur de rester toujours le même, quoi que je fasse, quoi que je tente ? Est-elle prête à entendre cette vérité ?

— Je ne suis pas sûr d'y arriver, maman.

— Est-ce que tu pries suffisamment, mon chéri ? Dans les moments d'incertitude, le Seigneur est notre guide. Il nous permet de dissiper le brouillard, tu le sais.

— Oui. Je prie, maman. Je prie, mais j'ai bien peur que cela ne suffise pas.

Elle saisit mes mains, les rassemble d'autorité, paume contre paume, et les maintient serrées.

— Je peux t'aider, mon chéri. En priant ensemble, nous serons plus forts. Ta foi est mise à l'épreuve, mais je suis là, nous sommes là, ta famille tout entière est là pour te soutenir. Tu le sais, n'est-ce pas ?

Je baisse les yeux vers nos doigts réunis. Je voudrais qu'ils se nimbent d'une lueur, qu'ils trahissent une présence divine. Mais il n'y a rien d'autre que quatre mains jointes, vainement tendues vers une réaction qui ne vient pas. Lentement, je me dégage de son étreinte inutile.

— Je crois en Dieu, ma foi n'est pas remise en cause. Mais j'ai peur que Dieu, Lui, ne m'ait abandonné.

Une larme roule sur ma joue alors que je discerne le raidissement du corps de maman, tel un reproche silencieux. Puis, soupesant chacun de ses mots, elle me lance avec un ton sans réplique :

— Comment peux-tu dire ça ? Tu n'as pas le droit de douter de Lui ni de renoncer à lutter. Tu ne peux tout simplement pas. Ton Salut en dépend !

Sa dernière phrase me pourfend. Elle ne me laisse pas le choix. Je dois repartir au combat, alors que la conviction qu'il est perdu d'avance est de plus en plus forte. Mes certitudes sont en train de changer de camp et je suis mort de trouille.

***

Sa porte est au fond d'un couloir étroit, dans un petit immeuble où s'empilent les studios d'étudiants ou de jeunes travailleurs. Pour venir plus vite, aiguillonné par je ne sais quelle envie, que je n'ai pas eu envie de décrypter, j'ai foncé sur mon vélo. Une fois arrivé, Matéo m'attendait, sa silhouette découpée à contre-jour dans l'embrasure. J'ai surpris l'étincelle de son regard qui a percé l'obscurité et qu'il a projetée sur moi. J'ai stoppé devant lui, sans savoir si je devais entrer ou rester là, à la lisière de ce qui me semblait soudain être un lieu effrayant. Je craignais de le regretter, de basculer dans quelque chose que je rejetais mais qui m'attirait malgré moi. Ce simple seuil, terriblement banal, qu'il m'invitait à enjamber, ressemblait à une frontière pleine de dangers.

Mais il s'est effacé pour me laisser passer et j'ai essayé de ne plus y penser. Je n'étais pas venu jusqu'ici pour reculer au dernier moment. La pièce dans laquelle nous nous trouvions tous les deux était plutôt agréable. Matéo avait couvert les murs de posters de films et de vieilles publicités, l'ensemble formant un joli méli-mélo de couleurs et de formes. Une kitchenette, une table, deux tabourets, un canapé avachi, un placard et un bureau composaient le mobilier. Mais c'est le lit, dont la taille m'est apparue démesurée, qui a capté toute mon attention. Double, il s'étalait et croquait la moitié de l'espace. Sa présence m'a aussitôt mis mal à l'aise. J'ai eu l'impression idiote de ne plus voir que lui, alors que Matéo me débarrassait de mon manteau, s'empressait autour de moi en hôte parfait, visiblement ravi de m'accueillir chez lui. J'ai choisi de prendre un tabouret pour tourner le dos à l'objet de mon embarras. Ne plus le voir me permettait de le maintenir à distance, lui et tout ce qu'il convoquait.

— Merci d'être venu, Paul. J'espérais tellement que tu me donnerais des nouvelles.

Nous nous tenions à distance respectable, séparés par un tapis qui, visiblement, avait servi à de nombreux pique-niques improvisés. En l'écoutant, je ne savais pas quoi faire de mes mains, de mes bras, de mes jambes. Je me sentais terriblement gauche et embarrassé. Alors qu'il parlait de l'attente et du silence que je lui avais imposés, de l'angoisse qu'il en avait ressenti, je tentais de rassembler mes idées. Il allait bien falloir que je lui réponde. Oui, mais quoi ? Si j'étais honnête envers lui j'aurais pu lui dire que son aveu m'avait profondément perturbé. Que je n'en dormais plus et que toutes mes convictions avaient été passées au shaker. Que je n'arrivais plus à parler normalement, ni avec mes parents ni avec personne tellement j'étais déstabilisé. Mais lorsque ma bouche s'est ouverte c'est autre chose qui en est sorti :

— Matéo, je ne suis pas venu ici pour te dire ce que tu espères.

Ma voix était sèche. Beaucoup plus que je ne l'aurais souhaité. Mais ce ton-là me protégeait. Du moins, je le pensais. Les yeux de Matéo se sont rétrécis, sa physionomie, chaleureuse la seconde d'avant, s'est refermée, alarmée, comme prête à prendre un coup. Et c'était moi le boxeur.

— Je ne peux pas faire semblant. Tu comprends ? Tu me demandes un truc qui m'est tout simplement impossible. Tu es peut-être gay...

— Je ne suis pas « peut-être » gay. Je le suis, a-t-il immédiatement rétorqué, sur la défensive.

— O.K. Tu es gay si tu veux. Mais moi, pas.

— Je ne le suis pas non plus « si je veux »...

— Arrête de jouer sur les mots... Ce que j'essaye de te dire...

Mais il ne m'a pas laissé le loisir de finir :

— Je ne joue pas sur les mots. C'est toi qui refuses de comprendre ce que c'est que d'être gay. On ne le choisit pas. C'est comme ça, c'est tout.

Je me suis mordu les lèvres. Son timbre était sombre et son visage triste. Je m'en voulais de lui faire de la peine. Je refusais de le rendre malheureux. Pourtant, tout ce que je proférais, il le prenait mal et le révoquait d'emblée. Jamais nous n'avions été autant en désaccord. La tension était telle que je la sentais vibrer dans chacune des particules d'air qui nous séparaient.

— Matéo, je suis venu pour te dire que... enfin bref, j'en suis incapable. Dieu n'accepte pas ce que tu éprouves. Pour Lui c'est un péché.

— Laisse Dieu en dehors de tout ça !

— Mais non ! Je suis catholique, Matéo. Ma foi m'interdit d'enfreindre Ses règles.

— Tu veux que je te dise, Paul ?

— Quoi ?

— Tu te caches derrière ton Dieu, ta foi, n'importe quoi pour nier ce que tu ressens.

— Comment peux-tu affirmer un truc pareil ? Comment peux-tu savoir ce que je ressens ?

— Parce que je sais ce que je vois, Paul. Parce que, lorsque tu veux parler de toi, tu évoques le Seigneur. Le Seigneur, ce n'est pas toi et tu ne peux pas savoir ce qu'Il pense ! Si tu persistes dans cette voie, tu vas passer à côté de toi. À côté de ta vie.

— N'importe quoi !

Je me défendais, mais pas avec assez de colère à mon goût. Au lieu de me lever, de fuir, de quitter cet endroit, je ne bougeais pas. J'étais comme vissé à mon siège.

— Écoute-moi, Paul, a repris Matéo, très ému, si ta foi est le seul obstacle, tu te trompes. Je connais des homos croyants : ils ne renient rien et Dieu les accepte tels qu'ils sont.

Je me suis mis à secouer la tête, comme pour évacuer ces propos qui allaient contre tout ce qu'on m'avait enseigné depuis toujours.

— Arrête ! Tu ne sais pas de quoi tu parles...

Mais mes dénégations étaient de plus en plus pitoyables. Plus il insistait, plus il désavouait ce que je croyais, plus je me sentais fragile, plus mes résistances ployaient sous le poids de ses arguments. À part lui dire de se taire, je ne trouvais rien à lui rétorquer. Je lui en voulais de remettre en cause les fondements mêmes de mon éducation, de ma personnalité, de mes croyances, j'aurais aimé lui faire comprendre qu'il se trompait mais je n'en étais tout simplement pas capable.

— Tu pleures... a-t-il fini par constater, alarmé, alors que je ne m'en étais pas rendu compte.

Mes joues étaient trempées de larmes et mes mains n'étaient pas assez grandes pour assécher le déluge.

— Je suis désolé, Paul. Tellement désolé.

Sa voix s'est d'abord enroulée autour de moi, avant que ses bras ne prennent le relais. Il s'était levé sans que je m'en aperçoive et il me serrait contre lui, ses doigts me caressant la nuque. Le contact de sa peau, la douceur de ses mots, la chaleur de son corps, tout me faisait frissonner. Je me laissais aller contre sa poitrine, brisé, complètement perdu. Son étreinte, toujours plus étroite, au lieu de m'horrifier me berçait. J'avais l'impression, aussi glaçante que réconfortante, qu'il n'y avait pas de plus bel endroit sur Terre.

XXIV

Thalia

La porte s'ouvre et c'est d'abord un parfum qui la percute. Celui, ambré, dont sa mère s'est aspergée avant de venir. Violaine s'est aussi maquillée. Dans la voiture sûrement, pour gagner du temps. La courbe hésitante du trait d'eye-liner qui surligne son regard le prouve. Sous son manteau, dont les pans battent ses jambes gainées de noir, elle a revêtu une robe blanc et bleu plutôt moulante que Thalia avait oubliée. Son rouge à lèvres peut bien briller, le fond de teint trop appuyé dissimule mal ses traits bouffis par les médicaments. *Qu'est-ce qui lui a pris de se préparer comme pour un mariage ?* pense Thalia, énervée, en l'observant alors qu'elle prend place à côté d'elle, sans oser la regarder en face. Une beauté pathétique se dégage de cette mère qui tente de faire bonne figure. Le père, lui, est fidèle à lui-même. Pas d'apprêt particulier dans sa mise de tous les jours, mais une tension dans la colonne vertébrale qui lui donne une allure plus raide que nécessaire. Ils n'ont pas l'habitude d'être convoqués par le proviseur en personne, séance tenante qui plus est. L'affaire doit être grave. Il leur suffit de jeter un coup d'œil à leur fille pour s'en rendre compte : elle a passé un sale quart d'heure. Le bleu qui s'épanouit au-dessus de sa joue fait foi. Quant à ses lèvres, elles ont doublé de volume.

— Qu'est-ce qui t'est arrivé ? On t'a frappée ? questionne Medhi sans laisser à M. Pirlo le temps de leur faire le topo.

— Votre fille s'est battue, en effet, répond le directeur à la place de Thalia. C'est pour cette raison que je vous ai fait venir. Nous n'admettons pas ce genre de comportement dans notre établissement. La violence, sous quelque forme et pour quelque raison que ce soit, est interdite.

Thalia relève la tête, dévisage celui qui vient de parler. Il ne va quand même pas tout lui mettre sur le dos ? C'est quoi cette mise en bouche qu'il sert à ses parents ? Et les trois autres, il en fait quoi ? Elle ne s'est pas fait ça toute seule !

— Bien sûr, nous comprenons, c'est inadmissible, approuve son père d'un ton grave.

Un blanc. Thalia bloque sa respiration. Attend la suite avec angoisse.

— Mais je voudrais bien savoir pourquoi elle est dans cet état ! Quelqu'un a bien dû lui faire ça ? cherche quand même à comprendre son père.

Thalia s'autorise à souffler alors que le proviseur prend une grande inspiration :

— Effectivement. Trois autres élèves l'ont visiblement prise à partie. Ils se sont moqués d'elle, l'auraient même insultée.

— Et où sont-ils, ces sales gosses ?

— Je les ai envoyés à l'infirmerie.

— Pourquoi s'en sont-ils pris à elle ? Thalia n'a jamais eu de problème avant...

— Selon votre fille, ce serait à cause d'une photo.

Il hésite, dévie son regard vers l'adolescente un court instant pour y chercher un impossible appui, avant de poursuivre :

— Je préférerais qu'elle vous en parle elle-même.

Quel lâche, pense Thalia.

— Une photo ? Quelle photo ?

C'est la voix de Violaine qui prend le relais, d'un ton plein d'incompréhension.

— Oui. Une photo qui aurait été prise alors qu'elle... Comment dire ? Thalia ?

Pirlo se tourne vers elle, désemparé. L'adolescente souffle, ferme les yeux un instant, avant de se lancer comme elle le ferait du haut d'une falaise :

— Elle a été faite au moment où j'embrassais Loïs.

Imperceptiblement, Thalia s'est rétractée sur sa chaise. Les mots qu'elle craignait de prononcer franchissent ses lèvres comme le feraient des couperets. Ils lui tranchent l'épiderme, l'entaillent profondément. Elle devine ce qui se joue dans la tête de ses parents. Et même si elle le pressent davantage qu'elle ne le sait, la suite lui donne raison :

— Quoi ?

Cette fois-ci Violaine et Medhi sont raccord. Le son éberlué, choqué, écœuré sort en même temps.

— Cette image, reprend M. Pirlo sans tenir compte de la double exclamation, aurait circulé sur les réseaux sociaux, engendrant des commentaires moqueurs, pour ne pas dire haineux. Thalia a souhaité s'éloigner de cette vindicte numérique et est allée se réfugier dans un couloir isolé. Trois de ses camarades l'ont alors agressée verbalement. Vous imaginez sans mal les horreurs qu'ils ont pu lui dire...

jusqu'à ce qu'elle réplique pour les faire taire. Ils ne se sont pas laissé faire. Voilà pourquoi vous la trouvez dans cet état.

Violaine s'est levée pendant l'explication donnée par le proviseur et se tient maintenant à droite de son mari. Tout contre lui. *Ça fait longtemps qu'ils n'ont pas été aussi proches*, ne peut s'empêcher de penser Thalia. Elle comprend illico que ce n'est pas une bonne nouvelle. Ils la fixent avec stupeur et elle n'a pas besoin de vérifier pour sentir combien ils sont raidis par la même horreur. Un rejet brutal et épais se déploie dans l'espace qui les sépare, elle le ressent physiquement. Thalia ne bouge pas, le regard chevillé aux boutons de chemise de son proviseur, histoire de ne pas chavirer.

— Bien sûr, la photo en question a mystérieusement disparu... mais je vais continuer mon enquête malgré les dénégations des trois autres élèves. Sur le Net, rien ne se perd vraiment. Je vous tiendrai au courant. Si nous ne tolérons pas la violence, nous ne tolérons pas davantage le harcèlement, ça va de soi. Mais quand les preuves manquent, c'est parole contre parole et tout devient plus compliqué. Néanmoins, je vais convoquer la jeune amie de votre fille, afin d'avoir sa version. Ensuite, je prendrai ma décision sur la suite à donner à cette affaire.

Repoussant sa chaise, M. Pirlo se lève et ajoute :

— Ramenez votre fille chez vous. Elle est trop bouleversée pour retourner en cours. Soignez-la bien, et demain nous y verrons plus clair...

Sans prendre vraiment la mesure de la scène qui vient de se jouer entre les murs de son bureau, il tend une poignée de main mécanique aux parents de Thalia et la gratifie d'un sourire compatissant. Il ne sait vraiment pas quoi faire d'autre. La famille sort sans dire un mot, comme si le silence venait avec eux, s'invitait dans leur trio. D'ailleurs il les unit dans la cour du lycée, dans la rue, dans la voiture. S'impose à eux, les force à se taire de peur d'exploser en public. Thalia suit des yeux le paysage qui la ramène chez elle. Elle sait que l'habitacle pulse d'un faux calme aussi fragile qu'une étincelle. Face à elle, les deux nuques parentales, tellement crispées qu'on les dirait entravées par une minerve invisible, vibrent d'une menace imminente. Encore quelques tours de roues, des pas sur le gravier, la porte fermée dans son dos et le décor est enfin prêt à accueillir ce qui ne demande qu'à déferler.

— Tu nous expliques ?

Le ton gronde, à l'instar d'un orage en phase d'approche. Toute la silhouette de son père semble frémir d'une rage contenue.

— C'est quoi cette histoire ? Depuis quand tu embrasses les filles ?

Pas la peine de chercher un soutien du côté de Violaine. Elle est aussi blanche que la peinture qui s'écaille sur les murs.

— Depuis que je suis amoureuse...

Voilà. Que peut-elle répondre d'autre ? Les mots lui échappent sans qu'elle puisse vérifier s'ils ont toujours un sens, si Loïs mérite encore ce sentiment qu'elle avoue, dont elle se pare pour se justifier. Elle voudrait tellement s'en faire des bracelets, des colliers, des pierres précieuses à exhiber, à faire tinter à ses poignets... alors qu'il se désintègre sous ses yeux. Pourtant il est hors de question de nier, de rejeter la faute – si tant est qu'il y ait faute – sur celle qui ce matin encore se lovait contre elle sans la repousser. Enfin, qui se lovait contre elle *avant* de la repousser, corrige-t-elle mentalement.

— Amoureuse ? répète son père. Comment ça, amoureuse ? Tu veux dire...

La mâchoire paternelle se contracte dangereusement alors qu'il tente de prononcer ce que son cerveau vient de percuter et peine à assimiler.

— Tu es une...

Sa mère maintenant. Elle ne finit pas sa phrase, la termine dans une grimace qui lui déforme les traits. Cela ne va donc jamais finir ? Au lycée, sur Internet, ici. Tous pareils. Tous si étriqués d'esprit qu'ils ne peuvent admettre qu'on puisse aimer, simplement aimer et peu importe si c'est une fille ou un garçon. Mais jusqu'à quand ? Alors Thalia achève à sa place, lâche le terme qui l'a tant blessée tout à l'heure parce qu'il n'y a que ça qu'ils comprennent, cette sonorité qui la définit à leurs yeux d'ignorants :

— Gouine ! Oui, je suis une gouine ! Une lesbienne ! Une homosexuelle ! Et alors ? Hein ? ET ALORS ?

Violaine se décompose en direct, se métamorphose en ectoplasme, le maquillage ridicule s'écroule, plus rien ne tient sur cette apparence artificielle avec laquelle elle a voulu tromper le proviseur. Même ses fringues la caricaturent.

Auprès d'elle, la gorge de Medhi se met à enfler, sa pomme d'Adam semble vouloir s'arracher, alors que le rouge lui empourpre la face. Lorsqu'il ouvre la bouche c'est de la lave qui en jaillit et qui emporte tout sur son passage :

— Écoute-moi bien, Thalia, écoute-moi bien. Moi vivant, jamais une fille comme toi ne vivra sous mon toit.

— Une fille comme moi ?

— Ne m'oblige pas à répéter. Tu quittes cette maison et tu ne reviens que lorsque tu seras redevenue normale.

— Normale ?

— Tu as très bien compris. Tu fous le camp. Tu vas où tu veux, je ne veux pas le savoir. Mais une gouine, comme tu dis, n'a pas droit de cité entre mes murs. Ta présence les souille, tu es une honte vivante. T'es majeure ? Alors va faire tes cochonneries ailleurs.

Thalia recule d'un pas. Elle s'attendait à tout sauf à ça. Son père qui hier encore l'aidait à réparer son vélo, l'emmenait au resto, ce père-là, le même, qui la chasse. Elle n'entend pas sa mère qui s'est mise à geindre, le torse ployé dans un mouvement de repli. Aucune défense ne vient de son côté. Elle est seule face à la décision qui la jette dehors.

— Tu fais ta valise et tu te casses, je ne veux plus te voir.

Il crache cette dernière phrase et lui tourne le dos. C'est fini. Pour lui, elle n'existe plus. Il l'éjecte de sa vie. Un quart de seconde et tout est rayé, aboli, anéanti.

Un trou à la place du cœur, Thalia ne cherche même pas à se révolter. Elle n'a plus envie de se battre, plus la force. Elle l'a déjà fait. Le résultat ? Le voilà : elle est évincée. Foutue à la porte. Balayée.

XXV

Paul

— Paul !

Mon cœur manque un battement. Je reconnais sa voix avant de l'apercevoir parmi le flux des lycéens qui s'écoule de la cour. Matéo est piqué sur le trottoir d'en face et me fait un discret signe de la main. Ce n'est pas tant sa silhouette qui me prend par surprise – je me souviens de l'effet que sa vue avait provoqué au fond de moi lorsque je l'avais croisé à la sortie de la messe – que son appel. Il est vrai que sans ma famille pour rempart, je suis plus accessible. Beaucoup plus vulnérable aussi. Le col de son blouson remonté sous le menton, son écharpe bat au vent et vient souligner la buée que son cri a expirée. J'entraperçois sa fossette qui clignote sur sa joue et les longues jambes fines qui le soutiennent. Tout en lui m'aimante. Et puis, il y a ce regard qui m'explore. L'ébauche d'une prière me monte aux lèvres. Je la ravale aussitôt. Je ne suis pas assez fort pour résister, même pas la peine d'essayer. Je traverse la rue, droit vers lui. Nous ne nous touchons pas, nous nous mettons à marcher côte à côte par réflexe. Comme lors de nos premiers rendez-vous, comme si nous reprenions nos marches d'avant, sans but, avec pour seul motif le plaisir de nous découvrir. Sauf qu'aujourd'hui tout est différent.

La nuit qui a tout fait basculer s'immisce entre nous. Nous sépare physiquement.

— Pourquoi es-tu venu ? je souffle avec une précipitation inquiète. Tu ne m'aides pas en faisant ça.

Je n'ose pas le regarder. Il sait que j'ai intégré un groupe de parole pour m'aider à y voir clair. Je le lui ai expliqué après mon départ précipité, il y a presque deux mois maintenant. Je lui ai demandé du temps, de la patience, de la compréhension aussi. La distance que je nous ai imposée n'est facile ni pour lui ni pour moi, mais j'en ai besoin pour faire le point. Il semblait avoir compris, c'est en tout cas ce qu'il m'avait assuré. Et maintenant, il est là avec tous les souvenirs que sa présence invoque, fait tournoyer autour de nous. Dieu que c'est difficile de me retrouver si près de lui.

— Je sais, Paul. J'ai essayé, je te jure. Mais ton absence me fait mal... Et l'autre fois, devant la cathédrale, tu m'as ignoré. Sciemment...

Un silence lourd de sens suit sa phrase. Je me mords les lèvres, me concentre sur mes pieds qui alignent les pas en mode automatique. S'il veut me faire sentir coupable, c'est réussi. Mais il reprend :

— C'est pour t'aider que je suis venu.

— Comment ça ?

— Tiens, dit-il en m'empoignant la main et en y glissant un papier froissé. C'est le numéro d'un prêtre. Appelle-le. Parle-lui. Il n'est pas comme ceux que tu fréquentes mais il est tout aussi catholique qu'eux. Sa vision est différente. Elle t'ouvrira à d'autres voies, d'autres manières de croire.

Nous nous sommes arrêtés. Ses doigts s'attardent entre les miens. Je ne fais rien pour les chasser. Pourtant je suis obligé de me dégager pour déplier le bout de feuille qu'il m'a donné. Un nom, une adresse, un numéro de téléphone y sont inscrits. Je ne sais pas quoi en faire. Je voudrais le remercier, j'aimerais m'excuser, je devrais sans doute déchirer ce qu'il me donne. Matéo perçoit mon hésitation, son regard m'implore une seconde, avant qu'il ajoute finalement avec brusquerie :

— Fais-en ce que tu veux après tout ! Moi, je ne peux plus continuer comme ça.

Sans attendre ma réponse, il détale. Me laisse planté sur ce morceau de bitume alors que les battements de mon cœur, que je croyais avoir perdus quelques minutes plus tôt, ont trouvé refuge au creux de ma paume.

***

L'enchaînement des gestes qui ont suivi a totalement échappé à mon contrôle. Mon esprit était comme anesthésié alors que Matéo m'étreignait, essuyait mes larmes une à une, m'enveloppait d'une attention qui m'était totalement inconnue. J'étais pris dans un étau de douceur auquel je m'abandonnais entièrement. C'était comme si tous mes doutes, toutes mes craintes, toutes mes résistances s'envolaient. Ils se dérobaient, me fuyaient et me laissaient à la merci de ce garçon, dont la proximité m'égarait.

Matéo s'est courbé au-dessus de moi, son visage s'est rapproché du mien, me frôlant d'une brise poivrée. J'ai fermé les yeux pour évacuer l'image de sa bouche si proche de la mienne. Beaucoup trop proche. Rien de tout cela n'était prévu, convenable, encore moins envisageable.

Et pourtant... J'étais tétanisé non pas comme une victime peut l'être par son prédateur, mais par un désir impossible qui éveillait mes sens et affolait mon sang. Je le sentais pulser, de manière si anarchique, si désordonnée, qu'il me faisait presque mal. Il contrait violemment tous les efforts que je déployais pour rester immobile, pour ne pas répondre à l'appel fou qui m'aspirait, qui me conjurait de le toucher, de l'embrasser, de le mordre.

— Paul, Paul.

Mon prénom, que Matéo glissait sur ma peau comme il l'aurait fait d'une caresse, a suffi à me faire perdre la tête. Je l'ai relevée, d'à peine quelques centimètres, suffisamment pour que nos lèvres se rejoignent. Un effleurement magique. Voilà ce qui m'a traversé alors que son regard me pénétrait, me kidnappait, m'éblouissait. Une révélation incroyable m'éclairait de l'intérieur. Un électrochoc tellement puissant que j'en restais étourdi.

— Viens, m'a-t-il seulement soufflé pour m'inciter à reprendre pied dans la réalité.

Je me revois m'agripper à lui, me mettre debout, chercher mon équilibre, lutter vainement contre l'ivresse indescriptible qui s'est répandue en moi lorsque son bras a enlacé ma taille, lorsqu'il m'a escorté jusqu'à son lit. Je capitulais par avance, je m'en remettais à son expérience. Déjà, il m'allongeait, se couchait à mes côtés et je me sentais prêt à renier tous mes principes, à clouer le bec à toutes mes préventions. De toute façon, je n'étais plus en état de m'opposer à quoi que ce soit. Un feu intense m'enflammait l'épiderme comme l'intérieur. J'étais prêt à tout sacrifier pour le bonheur d'être avec lui.

— Paul...

Les doigts de Matéo couraient le long de mon cou, sur mon torse, dérapaient vers mon jean. Et je laissais faire. Je me suis même retourné pour me plaquer contre lui. Tout mon être le désirait. Furieusement.

— Matéo...

C'était mon tour de prononcer son prénom.

Et c'est ce son – ou est-ce ma voix, extirpée de je ne sais quel néant où j'avais glissé avec tant de volupté – qui m'a ébranlé. D'un coup, mes yeux se sont rouverts et la lumière s'est rallumée. Alors que le néon qui brillait au plafond n'avait jamais été éteint, j'ai eu l'impression d'être pris au piège d'un faisceau aveuglant. J'étais couché avec un autre garçon, un homme, sur son lit, à deux doigts de commettre l'irréparable. La vérité crue m'a sauté à la gorge et tout ce que j'avais pensé pouvoir mettre à distance s'est abattu sur moi avec toute la vigueur de la parole divine. Mais qu'étais-je en train de faire ? Un démon s'était emparé de ma conscience, de mes membres, de mes fibres les plus intimes. Je ne voyais pas d'autre explication, je ne m'imaginais pas d'autre excuse.

Matéo a immédiatement senti le changement qui s'opérait en moi. Il m'a aussitôt lâché, de peur sans doute de se brûler, de se heurter à mon refus que je sentais gronder maintenant. Qui m'assaillait comme un châtiment. J'avais failli succomber, j'avais failli m'abandonner et au bord du précipice ma voix s'était interposée, m'avait rappelé à l'ordre, ultime bouclier. Effaré, je reculais. D'un mouvement rapide, je m'éloignais de lui, de son corps, de sa peau, de ses mains. Je m'éloignais de la tentation.

Un profond soupir a soulevé la poitrine de Matéo, alors qu'il se laissait retomber en croix sur la couette.

— Tu n'y arrives pas, n'est-ce pas ? Tu ne peux pas te laisser aller. Tu refuses de répondre à tes sentiments.

Les yeux accrochés au plafond, je cherchais dans les fissures qui s'y étoilaient une réponse acceptable. Je ne souhaitais pas le rendre coupable de ma propre faiblesse. Mais je ne voulais pas paraître lâche, encore moins être pris pour une girouette. Je n'avais qu'une seule raison à lui opposer, la seule qui puisse tenir la route pour lui comme pour moi :

— Je ne peux pas y répondre car je ne peux pas les éprouver. Ils n'ont pas lieu d'être. Ils n'existent pas. C'est un mirage...

Matéo s'est tourné vers moi et d'un timbre infiniment triste a achevé ce que je tentais de démontrer :

— ... Alors que ça aurait pu être un miracle.

XXVI

Thalia

Les bretelles de son sac à dos lui scient les épaules. Elle l'a chargé ras la gueule, avec tout ce qu'elle a trouvé, sans discernement et avec une rage étouffée par les sanglots. Elle a roulé la tente d'un ancien été par-dessus, au cas où, sans oublier sa canne à pêche. Ça peut toujours servir. Elle ne sait pas où elle dormira ce soir, ni de quoi son lendemain sera fait. Mieux vaut prendre toutes les précautions. Elle n'a pourtant aucune envie de venir gonfler les statistiques des SDF de la ville. Parfois, au détour d'une rue, au coin d'un immeuble, elle en a croisé qui résistaient comme ils pouvaient au froid et aux centres d'accueil, avec des planches et des matelas. Des bricoles arrachées au rebut des autres. Les autres... Ceux qui, comme elle, disposent – ou disposaient ? – d'un toit. Ses pas l'entraînent au hasard des rues, sans objectif précis. Elle traîne ses chaussures sur les pavés disjoints du centre-ville, capte les lumières chaudes des boutiques, capture des bouts de rire, s'emplit les narines des parfums qui flottent autour des restaurants. Elle a pris toutes ses économies. Elle pourra toujours se payer à manger pendant combien ? cinq, dix jours ? Et après ?

Son cerveau vire la question, refuse de s'y attarder. Le visage d'Arthur s'impose alors qu'elle croise un petit garçon sautillant entre son père et sa mère. Cette image lui donne un coup à l'estomac. Qu'est-ce qu'ils vont dire à son petit frère ? Comment vont-ils lui expliquer son absence ? Est-ce qu'il va croire qu'elle l'a abandonné ? Comme l'autre soir ? Une larme aussi brûlante qu'une flamme roule sur sa joue.

Il faut qu'elle se ressaisisse. Le mois de décembre est bien entamé, ce sera bientôt les vacances, bientôt Noël... bientôt le bac. Une fois de plus elle déroule un volet mental pour éloigner l'avenir qu'elle ne peut plus envisager comme avant. Thalia doit faire taire tellement de pensées que ça devient ingérable. Elle n'y arrivera pas. Et cette nuit ? Elle ira où ? Retour à la case départ.

Elle qui rêvait tant de quitter le nid familial, elle est servie ! Franchement, ce n'est pas comme ça qu'elle imaginait les choses...

Une légère vibration lui masse la fesse droite. Son téléphone ! Elle l'avait presque oublié. Peut-être la sauvera-t-il ? Un coup d'œil à l'écran lui indique que Loïs a cherché à la joindre. Loïs ! Bien sûr ! Elle ne pourra pas la laisser tomber. Quand elle lui racontera, forcément, elle l'aidera.

— Allô ? Loïs ?

— T'as pas eu mon message ?

— Non... J't'ai rappelée tout de suite.

Un drôle de bruit à l'autre bout du fil, genre soupir excédé.

— O.K... Bon, alors, écoute, Thalia. Faut que tu arrêtes maintenant.

— Que j'arrête quoi ?

— De me harceler comme ça ! Tu m'as embrassée de force, je te signale. Devant tout le monde ! T'as pas vu la photo ? Les commentaires ? Heureusement, Benoît a fini par la supprimer. On peut souffler. Mais putain ! Me refais plus jamais un coup pareil !

Par réflexe, pour éviter de tomber, Thalia s'appuie contre un mur. Elle a du mal à respirer.

— Mais... mais tu étais d'accord ! Tu ne m'as repoussée que parce que l'autre grand con d'Enzo a crié. Sinon...

— Sinon rien du tout, Thalia. T'es allée trop loin. J'ai même été convoquée par le dirlo. Tu te rends compte ? Il paraît que tu t'es battue ! C'est quoi ce délire ? J'ai pas envie de payer les pots cassés, moi ! J'ai tout démenti en bloc, je te préviens. J'ai rien à faire dans cette histoire.

— T'as dit quoi alors ? Que je t'ai agressée ? C'est ça ? Et puis « cette » histoire, comme tu dis, c'était la nôtre...

Comme Loïs préfère se racler la gorge plutôt que de répondre, Thalia répète en serrant son smartphone jusqu'à blanchir ses jointures :

— Alors c'est ça ? C'est moi la fautive ? La grande méchante louve ? Eh ben ouais, tu dois avoir raison parce que c'est ce qu'ils croient tous ! D'ailleurs mes parents m'ont foutue dehors. Je suis à la rue, tu vois. J'me trimballe avec mon sac à dos. Je sais même pas où je vais coucher.

— Sérieux ? Mais non ! Qu'est-ce que tu racontes ?

— T'es sourde ? Mon père m'a virée. J'suis pire qu'une pestiférée...

— Attends, mais c'est pas possible...

— Ben si, tu vois... Vous êtes tous d'accord pour me jeter !

— Non, Thalia... J'ai jamais voulu ça...

Son bras retombe le long de sa jambe pendant que Loïs continue à baragouiner des excuses idiotes. Thalia ne la supporte plus. Tout ce qu'elle a ressenti pour cette fille s'évanouit à l'instant. C'est comme un arrachement, insupportable mais vital. Elle remet l'appareil à son oreille et questionne, façon dernière chance :

— Tu peux m'héberger ?

— Pardon ? Mais... euh... non, mes parents sont revenus et...

— Alors tchao, la belle ! C'était bien mais c'est fini !

D'un index décidé elle appuie sur le petit combiné rouge, coupe la conversation, sectionne le fil qui la reliait encore à Loïs. Thalia inspire, expire et fait demi-tour.

Son dernier espoir de dormir au chaud s'évapore. Il va falloir qu'elle trouve une solution. Toute seule.

Ses pieds martèlent le sol, son cerveau actionne ses jambes. Elle aurait dû prendre son vélo. Elle n'y a pas pensé, trop pressée de foutre le camp de ces murs qui puaient la haine. Il aurait fallu repasser par le garage, prendre le risque de tomber sur son père, réfugié derrière son établi. Non merci ! Elle aurait peut-être pu le convaincre, le faire changer d'avis. Mais non en fait, impossible de se répandre en regrets bidon devant lui. Pour quoi ? Pour lui demander pardon ? Pardon de quoi ? D'être ce qu'elle est ? C'est lui qui l'a faite comme ça. La colère la maintient debout alors qu'elle se dirige vers le lac. Là-bas, elle a déjà repéré des tentes dressées par des pêcheurs. O.K., c'était plutôt l'été, genre quand on crève pas de froid sous une toile. Tant pis. Elle n'a pas d'autre idée en stock. Cachée derrière un massif elle pourra sans doute tenir quelques jours, le temps de se retourner. Elle n'a pris que des affaires chaudes, un sac de couchage de compète, des chaussettes de montagnard, des gants de ski, un bonnet et plusieurs écharpes. Elle va tenir le coup. Est-ce qu'elle a le choix ?

Le petit supermarché du quartier est encore ouvert, elle en profite pour s'acheter de quoi tenir jusqu'au lendemain. Une boîte de raviolis, même froids, ça fera l'affaire. Et puis des gâteaux et une bouteille d'eau. Des bananes aussi pour les vitamines. Faut pas qu'elle se laisse aller. Quand elle passe à la caisse, la dame aux lunettes blanches lui sourit.

— Un vrai festin ça, ma foi !

— Oui... il manque plus que le champagne ! ironise Thalia.

La femme la contemple, cette ado avec son sac à dos trop gros, ses cheveux hirsutes et ses yeux rouges.

— Tiens... c'est la maison qui offre. Ça pourra pas te faire de mal et, au moins, ça te réchauffera.

Elle lui tend une bière. Thalia hésite une demi-seconde, allonge le bras, attrape la bouteille et lui rend son sourire.

— Merci ! C'est pas de refus.

Elle s'en va. Vite. C'est la première fois qu'on lui fait la charité. Est-ce qu'elle finira par faire la manche ? N'importe quoi ! Quel film débile elle se fait ? Pourtant, alors que la nuit tombe et que le froid l'assaille, elle doit bien reconnaître qu'elle n'en mène pas large. Les ombres s'étirent le long de l'eau, grignotent le paysage qui passe au vert foncé. Presque marron. Bientôt noir. Elle doit se dépêcher.

Entre deux arbres aux branches nues, à distance respectable du chemin qui fait le tour de l'étang et à l'abri derrière de gros troncs, elle déplie sa nouvelle chambre en forme de yourte. Facile et rapide à installer, c'est pour ça qu'elle l'avait choisie. Avec sa couleur kaki, elle se fond dans la nature. Enfin, disons que c'est mieux que rien. Pour l'hôtel de luxe, elle repassera. Au moins, elle ne dort pas à la belle étoile. De toute façon le ciel est tellement menaçant qu'il n'y en a pas une seule pour égayer son installation de fortune. Thalia tire la fermeture éclair, s'enferme dans l'espace clos. Avec son téléphone pour seule lumière, elle pique-nique sans appétit. Il faudra bien qu'elle ressorte pour faire pipi. Elle n'a aucune envie de se geler les fesses. Pourtant elle ne pourra pas se retenir jusqu'au lendemain. C'est fou comme les températures chutent beaucoup plus vite que d'habitude. Elle ne peut s'empêcher d'imaginer sa maison, à cette heure-ci, qui doit s'animer de couleurs chaudes. Elle entend presque l'eau des pâtes qui bouillonne sur le gaz, la télé en fond sonore... Surtout, elle visualise le regard malicieux d'Arthur, ses boucles brunes, son adorable bouille, son rire. Thalia refuse de l'envisager triste ou furieux parce qu'elle n'est plus là. C'est trop insupportable. Jamais sa baraque ne lui a paru aussi séduisante. Ici, sous ce bout de tissu trop mince, où des bruits inconnus ne cessent de s'agiter de tous côtés, elle se sent infiniment misérable. En plus elle doit éteindre son portable, trancher le dernier cordon qui la rattache au monde, si elle veut avoir de la batterie pour la sonnerie qu'elle enclenche. Par habitude. Parce que demain matin, il faudra bien qu'elle aille en cours. Histoire de profiter de la cantine, du chauffage et des toilettes. Seule cette perspective peut lui insuffler le courage qui lui manque pour affronter ce qui l'attend. Après s'être empaquetée dans plusieurs couches de fringues, elle se pelotonne au fond de son duvet. Dormir, c'est tout ce qu'elle a trouvé pour ne plus pleurer.

XXVII

Paul

Je suis en retard ! Super en retard même. Mais je m'en fous. Au contraire, je ralentis. Je traîne des pieds. Seule la promesse faite à ma mère m'oblige à avancer. Je n'ai pas encore appelé le numéro que m'a filé Matéo mais je le garde au chaud et je fais gaffe cette fois. Aucune envie que maman tombe dessus et qu'elle me pose des questions. À vrai dire, je ne sais pas si je m'en servirai un jour, mais je ne me résous pas à le jeter à la poubelle. Parce que la façon dont me l'a présenté Matéo m'interpelle plus que je ne le voudrais. D'ailleurs, quand j'arrive enfin devant la discrète étiquette de Vers le Vrai, collée sous la sonnette, la formule m'interroge plus que jamais. Je ne peux m'empêcher de la remettre en question. Depuis maintenant bientôt deux mois que je viens, le Vrai qu'on me promet m'échappe toujours, n'en finit pas de me glisser entre les doigts. J'ai l'impression qu'on me vend du rêve et qu'il a du plomb dans l'aile.

— Ah ! Te voilà enfin... me lance Matthieu d'un ton sévère.

— Désolé... J'ai été retenu, je balance pour toute excuse.

— Dépêche-toi de t'installer !

Laura, Émile, Danny me saluent d'un bref signe de tête. Je cherche Ludovic des yeux et le découvre un peu en retrait, comme s'il était puni et mis au coin. Immédiatement, je sens qu'il se passe quelque chose d'inhabituel.

— Reprenons.

Matthieu va se placer face à Ludovic pendant que je m'assois et me débarrasse aussi discrètement que possible de mon blouson. Je devine que la discussion redémarre pile à l'endroit où je l'ai interrompue. Il ne me faut pas longtemps pour raccrocher les wagons.

— Tu dois lutter plus fort, Ludovic, sinon le combat intime que tu mènes à nos côtés ne te sauvera pas. Il faut redoubler d'efforts. Rappelle-toi ce que dit le Lévitique, l'un des textes fondateurs de la Bible ! « Tu ne coucheras point avec un homme comme on couche avec une femme : c'est une abomination. » Tu dois sans cesse avoir ce précepte à l'esprit pour t'épargner la honte, pour t'éviter la colère de Dieu. Tu dois tout mettre en œuvre pour ne pas succomber à l'impensable.

Ludovic ne baisse ni la tête ni les yeux, mais ses mains sont agrippées à l'assise de sa chaise, comme s'il avait peur de tomber. Les mots de Matthieu ne s'adressent pas à moi, pourtant ils cognent dans mon ventre, s'y incrustent et le labourent. Je me revois avec Matéo ce soir-là, tellement près de céder. La frontière me paraît si fine aujourd'hui, si dérisoire. Quel sursaut m'a fait éviter le pire ? Pas les phrases prononcées ici et derrière lesquelles, à l'époque, je ne pouvais pas me réfugier. Alors quoi ? Ma foi ? Mon éducation ? Le poids de la société ? La peur de l'inconnu ? De trahir une force plus grande que moi ? Ou de ne pas pouvoir assumer ma faiblesse ?

— Ludovic, il faut te reprendre. Vite. Tu ne dois pas baisser les bras et poursuivre ces errances qui te détournent du Vrai. De ta vraie identité.

Mes yeux se posent sur celui qui est blâmé. Qu'a-t-il avoué pour subir de telles foudres ? Sa tactique de faire *comme si* aurait-elle montré ses limites ? Il n'a jamais cru à ce que lui disait Matthieu. Il me l'a dit l'autre jour au café, et ça me crève les yeux maintenant. Depuis le début il fait semblant. Pourquoi reste-t-il alors ? Pour faire plaisir à sa mère et à sa famille, comme il me l'a confié lorsque nous avons pris un verre ensemble ? Sa mère. Sa famille. Et si j'étais comme lui ? Présent par soumission à l'image idéale qu'ont de moi mes parents ? Une image à laquelle je voudrais tant coller et qui se floute sans cesse. La dernière conversation avec maman me revient. « Prie plus fort », m'a-t-elle conjuré. Comme si c'était facile ! Comme si c'était suffisant ! Je regarde le visage de Ludovic. Sur ses traits défilent toutes les batailles qu'il doit mener, contre lui-même, contre Matthieu, contre les siens, contre la Terre entière. Je remarque soudain combien il a maigri depuis que je le connais, combien sa peau tire sur ses pommettes, combien les cernes lui enclavent les orbites. Sa mèche, qu'il laisse pousser dans l'espoir de se dissimuler, pend lamentablement jusqu'à son menton. Il n'est plus que l'ombre de lui-même. Il se perd dans cette lutte qu'on lui impose. Je refuse de devenir comme lui. Je ne veux pas tout sacrifier à un Vrai dont la définition se dérobe toujours plus.

Matthieu poursuit ses remontrances, assène sans répit ses vérités sans lui laisser le temps de répliquer. Le Ludovic arrogant, fier et déterminé a disparu sous la couche de reproches. Nous assistons en direct à sa mise à mort et je suis le seul à m'en rendre compte. C'est insupportable. Alors, d'un mouvement irrépressible, je m'arrache de ma chaise et je sors. Sans me retourner.

***

Derrière le rideau, l'aube frémissait lentement. Un camaïeu, du violet au bleu clair, arrosait le studio de Matéo. Il n'avait pas tiré le volet. Nous n'avions plus bougé de la nuit. De part et d'autre du lit, réfugiés sur les pôles opposés du matelas, de peur de nous frôler. La respiration de Matéo avait fini par s'épaissir, par rythmer les battements de la pendule accrochée au mur. Moi, j'avais gardé les yeux ouverts, incapable de m'endormir. Repassant toute la soirée au ralenti ; chacun de ses gestes, chacun de ses mots, chacune de mes émotions revenant hanter mes pensées, les vampiriser. Les heures s'étaient écoulées si lentement que j'avais eu le temps de revivre les scènes cent fois, d'inventer mille autres scénarios. Au bout du compte, alors que le jour se levait, j'en étais toujours au même point, allongé sur la couette, immobile et épuisé. Sans réponse à mes questions. Tout doucement, j'ai glissé hors du lit. Avec des mouvements silencieux, j'ai récupéré mes affaires, mon blouson et mon écharpe, qu'il avait soigneusement suspendus à une patère. Toujours sans faire de bruit, sans surtout le réveiller, je me suis éclipsé. J'ai laissé derrière moi son corps allongé et le bout d'histoire qui s'était joué entre ces murs. J'aurais voulu qu'en refermant la porte, je cadenasse pour de bon tout ce qui s'était passé, tout ce qui avait failli m'emporter. J'ai enfourché mon vélo et j'ai pris la première route qui passait. Il était beaucoup trop tôt pour aller au lycée. Je n'avais aucune envie de rentrer chez moi. Pédaler me donnait l'illusion de me retrouver, de me détacher de cette étrange parenthèse que j'avais vécue comme un rêve ou un cauchemar. Je n'arrivais pas à savoir. Mais dans une dimension parallèle, ça j'en étais sûr.

Plongé dans le brouillard de mes pensées, je n'ai pas vu le trou dans la chaussée. Ma roue avant s'est entravée brutalement et j'ai fait un vol plané sur le bas-côté de la route. Sans m'en apercevoir, j'avais roulé jusqu'au lac et le bitume avait eu la bonne idée d'être remplacé par de l'herbe. Humide certes, mais, par chance, bien moins dure que le goudron.

— Ça va ? Tu n'as rien ?

Une ombre se pliait au-dessus de moi, me tendait déjà la main. Un peu étourdi, je me suis saisi de cette aide providentielle.

— Merci ! J'ai pas fait gaffe et je me suis étalé ! ai-je répondu, un peu confus de me retrouver en si pitoyable position.

— Ton pneu a morflé sévère. T'as crevé...

La silhouette était accroupie près de ma bécane, qu'elle examinait d'un œil de professionnelle, absolument imperméable au ridicule de ma mésaventure.

— C'est vrai ? Ah merde...

— C'est pas grave ! Je vais pouvoir te réparer ça, si tu veux !

— Tu pourrais ? Ce serait vachement sympa de ta part !

Elle s'était redressée et me regardait avec un grand sourire. La fille, d'à peu près mon âge et qui me faisait face, n'avait pas une allure banale. Ses vêtements froissés étaient raccord avec ses cheveux emmêlés, qui n'avaient pas dû voir un peigne depuis un siècle. Son visage, malgré les larges auréoles sombres qui lui marbraient la peau, était clair et lumineux. C'était un contraste saisissant, car on devinait rapidement qu'elle ne devait pas avoir l'existence facile. L'état délabré de ses chaussures était une autre preuve de ce que laissait entrevoir son apparence générale.

— Je m'appelle Thalia, m'a-t-elle lancé tout en relevant mon vélo.

— Paul.

J'étais soudain intimidé par cette présence improbable qui venait à mon secours et dont la résistance aux emmerdes transpirait par tous les pores.

— Tu m'attends ? J'habite tout près, a-t-elle lâché en agitant la main d'un geste vague. Je reviens avec de quoi remettre ton pneu en état de marche.

— Oui. Bien sûr.

Je l'ai suivie des yeux alors qu'elle partait en courant. Elle avait peut-être peur que je m'enfuie. Sa proposition était bien trop incroyable pour que je la zappe. Je me suis avancé vers un banc et me suis assis pour patienter jusqu'à son retour. De toute façon je n'avais rien de mieux à faire. Ça n'a pas été long. Elle est revenue vers moi, brandissant un petit sac et un démonte-pneu dans sa main droite.

— Et voilà ! J'ai toujours un kit de réparation sur moi !

Sans attendre, elle s'est mise au boulot tout en me faisant la conversation :

— Quand je t'ai vu tomber j'ai eu peur que tu te sois fait mal. Je me souviens... mon petit frère s'est cassé le poignet, il y a deux ans. À peu près au même endroit... c'est drôle. C'est peut-être pour ça que je suis arrivée comme une bombe. J't'ai pas fait peur au moins ?

Pour vérifier, elle avait relevé la tête vers moi en écartant d'un doigt sale les mèches qui lui embrouillaient le regard.

— Non, non, pas du tout. Au contraire, c'est super chouette de ta part...

— Ben tu sais, t'as de la chance. Je ne suis pas le genre mère Teresa d'habitude.

Sa référence à une religieuse m'a arraché un sourire.

— Moi aussi, il m'arrive de faire des trucs dont j'ai pas l'habitude...

Thalia n'a pas relevé et a repris sa besogne. En silence, cette fois.

J'ai admiré ses mains qui, malgré le froid, ont trouvé sans hésiter l'endroit où coller la rustine. Elles ont ensuite remis en place le pneu rafistolé avant de terminer par un dernier contrôle pour s'assurer que ma roue tournait droit.

— Et voilà ! Comme neuf ! s'est-elle exclamée.

Je ne pouvais pas partir comme un voleur. Thalia et la générosité dont elle m'avait gratifié ne pouvaient pas se contenter d'un banal « merci et au revoir ».

— Je t'offre le petit déjeuner ? Je crève de faim et aller en cours le ventre vide, c'est vraiment pas recommandé.

Un sourire majuscule s'est dessiné sous ses yeux.

— Alors là... tu serais genre... le père Noël !

— Ben... il doit bien ça à la mère Noël, non ?

XXVIII

Thalia

Quinze jours. Elle a tenu quinze jours.

Un exploit ! Ça ne va pas durer. Le plan tente montre ses limites. Parce que l'hiver, contrairement à Noël, ne fait pas de sentiments ni de cadeaux. Elle se réveille avec les doigts aussi rouges que des saucisses et son nez n'a rien à envier à celui d'un clown. Sauf qu'elle ne fait rire personne et surtout pas elle. Sortir de son sac de couchage le matin est un calvaire qu'elle a de plus en plus de mal à endurer. Certaines de ses affaires sont tellement froides qu'elles sont recouvertes d'un voile de givre. Le seul miracle de la saison, c'est qu'elle ne s'est pas fait pincer par les flics, ni embêter par des indésirables. Sa yourte et elle sont bien planquées, mais quand même. Les nuits gelées, la crève, son manque de fric et de mouchoirs... Le moment où elle ne pourra plus faire face, où elle devra demander de l'aide, se rapproche toujours davantage. Et ça lui fait peur... car elle ne sait pas vers qui se tourner, parce qu'elle a l'impression qu'elle devra rendre les armes. Abdiquer face à l'adversité. Or elle refuse toujours de l'accepter.

Au début, au lycée, alors qu'il ne restait plus qu'une semaine avant les vacances, ça avait été compliqué de garder la tête haute, de faire comme si tout était normal.

Comme si elle sortait directement de son lit et pas d'un duvet glacé. Comme si elle avait surmonté les attaques dont elle avait été la cible, alors que son statut de victime était bien pire que tout ce que ces sales cons pouvaient imaginer. Comme si son amour pour Loïs n'avait jamais existé, quand la croiser lui embrasait les veines et la forçait à bifurquer. Le proviseur, de son côté, avait poursuivi ses investigations. L'autre jeune fille impliquée, qu'il avait convoquée, avait démenti avec véhémence une quelconque relation. Avait même affirmé s'être sentie agressée par le baiser de Thalia. Elle avait cependant concédé que, oui, Benoît avait pris une photo qu'il s'était empressé de partager. Reconvoqué, le photographe au grand nez avait fini par admettre qu'il s'était laissé aller à un geste impulsif et que, très vite, au vu des commentaires pourris qui s'affichaient, il avait retiré de la Toile l'objet de son délit. Il avait même fini par bredouiller de vagues excuses. M. Pirlo avait alors distribué des heures de colle et des avertissements aux quatre protagonistes. Seule Loïs avait échappé aux foudres du proviseur.

C'est sans doute ce que Thalia avait eu le plus de mal à encaisser : que Loïs s'en sorte nickel alors qu'elle s'était battue pour leur droit à s'aimer. Mais d'amour, il n'y avait plus. Loïs avait été très claire.

Alors Thalia se réfugiait où elle pouvait pour l'éviter. Ne plus la voir pour moins souffrir. C'était vain, bien sûr. Et puis, elle devait gérer tellement de choses en même temps... Elle finissait souvent ses journées enfermée dans les toilettes, assise sur la cuvette, ses larmes pour seules compagnes.

Deux jours avant les vacances, Thalia avait eu droit à une jolie parenthèse. Elle avait rencontré un mec qui lui avait offert le petit déjeuner. Le genre de truc impossible à refuser dans sa situation. Faut dire qu'elle l'avait aidé à réparer sa bécane. Donnant donnant ! Il s'était vautré juste devant elle, alors qu'elle marchait pour se réchauffer. Son pneu n'avait pas aimé. Thalia l'avait sorti d'affaire, avec son super kit tout-terrain, et, pour la remercier, il lui avait proposé d'aller à la boulangerie. En plus, il était sympa, Paul. Un air paumé aussi, lui donnant un genre bizarre qui contrastait un peu avec son allure chic. Qu'est-ce qu'il foutait dehors, si tôt ? Il ne lui avait pas vraiment répondu alors qu'ils croquaient dans leur pain au chocolat, installés tout confort sur la terrasse de la boutique sous la lampe chauffante.

— J'ai découché... C'est la première fois que ça m'arrive, avait-il avoué dans une grimace.

— T'as quel âge ?

— Dix-huit ans...

— Ben t'es majeur, mon vieux. T'as le droit de fausser compagnie à tes parents si ça te chante !

— Oui, bien sûr. Je les ai prévenus en plus.

— Alors, il est où le problème ?

Il ne lui avait pas répondu, avait préféré lui retourner ses questions :

— Et toi ? Tu faisais quoi ? T'es pas habillée pour un footing !

— Ha, ha, ha, non, ça risque pas. J'habite là, moi, tu vois. C'est là que je vis.

— Aurais-je rencontré la légendaire, l'authentique fée du lac ?

— Va savoir ! avait-elle rigolé, amusée par l'image.

— Mais quand tu dis, j'habite là... tu veux dire quoi exactement ? avait-il repris, soudain plus sérieux.

— Bah... je campe.

— Tu... Quoi ?

— C'est provisoire bien sûr. Disons que moi, mes parents ne s'inquiètent plus de savoir où je passe mes nuits.

— Mais pourquoi ? T'as quel âge ? Tu vas pas au lycée ?

— Mais dis donc, c'est un interrogatoire, ça, monsieur je-découche-pour-la-première-fois !

De l'humour, c'est tout ce que Thalia avait en poche pour éviter de s'enfoncer plus loin dans les confidences. Avec sa foutue franchise, elle en avait déjà beaucoup trop dit. Hors de question que ce garçon, certes sympathique, certes généreux, la prenne en pitié. Paul avait dû se rendre compte qu'il lui en demandait trop, car il avait vite freiné sa curiosité.

— O.K. T'as raison. Désolé. Je ne voulais pas te mettre mal à l'aise.

Le sourire de Thalia, ponctué de miettes choco, était revenu illico.

— T'inquiète ! Disons que ma vie est plus flop que top depuis quelque temps. Que c'est un bordel même pas joyeux. Mais oui, je vais au lycée. J'ai dix-huit ans, comme toi, et je compte bien décrocher mon bac cette année. Enfin... un jour. Parce que je t'avoue, j'ai un peu de mal à me projeter en ce moment...

Bon. Au final elle avait non seulement répondu à toutes ses questions mais elle les avait même devancées. Vraiment incorrigible ! Une mimique triste avait traversé sa figure sans qu'elle puisse la retenir.

— Je vois, avait bafouillé Paul, déstabilisé par ce qu'il venait d'entendre.

Elle n'était pas certaine qu'il « voie » vraiment, mais c'était cool de sa part de faire semblant. De s'intéresser un minimum à elle. Lui non plus, sous ses propos légers et son apparence proprette, ne semblait pas au summum de sa forme. C'était même tout le contraire. Thalia le voyait à ses gestes répétitifs, à ses yeux de chien battu, à son dos voûté. Il portait un truc pas joli qu'il avait sûrement voulu évacuer en pédalant à l'aube. Sauf que, si la recette était bonne, elle le saurait depuis longtemps.

— Toi aussi t'es dans la mouise, j'me trompe ?

Paul ne l'avait pas détrompée, se contentant de se mordre la lèvre supérieure, pour éviter de raconter sans doute. Alors Thalia avait ajouté, comme une évidence :

— Disons qu'on doit gérer des merdes tous les deux et qu'on fait ce qu'on peut...

Le jeune homme avait relevé la tête, croisé le regard de celle qui lui énonçait sa vérité, l'avait trouvée particulièrement directe. Elle ne s'embarrassait pas de formules détournées ou alambiquées pour dire ce qu'elle avait en tête. C'était reposant.

— Oui, tu as raison. Je crois même qu'on devrait trinquer à nos efforts.

Et d'un mouvement spontané, il avait levé sa tasse de chocolat vers la sienne. Thalia n'avait pas résisté au plaisir d'entendre sonner la faïence. Un petit bruit sec et pointu pour sceller cette connivence qui les faisait frère et sœur de galère. Elle se doutait bien qu'elle devait l'emporter haut la main, mais comme ils ne s'étaient rien confié de fondamental, tout était possible. Et puis, l'important était ailleurs. En l'espace de deux heures passées avec ce gars-là, elle s'était sentie moins seule. Ça n'avait pas de prix.

Ils s'étaient quittés ensuite, sans rien se promettre, sans échanger leurs numéros, chacun repartant vers son univers, avec un petit morceau de fraternité en plus. Paul sur son vélo, direction les beaux quartiers. Thalia en battant le pavé, vers sa précarité.

Ensuite, les vacances avaient déboulé beaucoup plus vite que prévu et avec elles des heures et des heures à pas savoir où se réchauffer. Du coup, elle en passe le plus possible à la médiathèque. Pour bouquiner, écouter de la musique, bosser aussi, un peu. Thalia donne le change aux bibliothécaires qui la scannent. Elle n'est pas sûre d'être très crédible. En plus, ses fringues commencent à puer. En deux semaines, elle n'a été qu'une seule fois à la laverie. Le budget lessive, elle n'y avait pas pensé.

Maintenant, Noël approche avec son cortège de lumières, de premiers flocons de neige, de vitrines affriolantes, de chaleur derrière les portes. Thalia, elle, reste sur le seuil. Ses parents ne l'ont pas appelée une seule fois. Même pas cherché à savoir ce qu'elle devient, si elle s'en sort, si elle a besoin de quelque chose. Les rats ! Et elle, elle est trop fière pour faire le chemin à l'envers... Le froid la fait claquer des dents, la faim lui broie l'estomac, la solitude l'étiole. Elle résiste.

Quinze jours. Elle a tenu quinze jours.

Recroquevillée sous sa coque de noix à l'envers, trop mince pour parer aux menaces de l'hiver, elle grelotte. Peut-être qu'elle ne passera pas la nuit. Si les températures chutent brutalement, elle risque de ne pas se réveiller. Putain ! Mourir à son âge, si jeune, ce serait un comble ! Elle n'en a pas envie. Elle mérite mieux. Aucune idée suicidaire ne l'a jamais percutée. Jusqu'ici elle a supporté l'abattement, elle s'est révoltée contre le renoncement. Thalia, arrête de jouer à la conne, s'exhorte-t-elle. Décroche ce putain de téléphone. Appelle.

Lentement elle sort l'appareil de sa poche. Heureusement qu'elle a rechargé la batterie à la médiathèque. Avec le froid, elle se vide tout le temps.

D'un doigt gourd, elle fait défiler les contacts. Qui pour l'aider ? Elle hésite. Si seulement son petit frère était plus grand...

La musique surgit, la prend de vitesse. C'est celle de Juliette Armanet, et de son *Amour en solitaire.* Celle qu'elle a choisie après son départ de chez elle parce que les paroles lui parlent. Parlent d'elle. C'est sûr. Parce que plus personne ne cherche à la joindre. Alors ?

— Allô ?

— Thal'... c'est moi. C'est Loïs.

— ...

— Tu es où ?

— ...

— Je sais que tu m'en veux. Je peux pas faire grand-chose pour toi. Mais...

— ...

— O.K. Je t'envoie une adresse par texto. Je l'ai trouvée sur Internet. Ils peuvent t'aider. Vas-y. Reste pas toute seule.

— ...

— Je voulais te dire aussi que tu avais raison.

— ...

— C'est fini... mais c'était bien.

Elle raccroche. Renvoie Thalia au silence. Puis un bip et un texto, comme promis.

Un numéro, une rue et un nom : L'Abri.

XXIX

Paul

— Je ne veux plus y aller. Je n'irai plus.

Je suis debout dans le salon où brillent toutes les lampes de la création. Mon père ne supporte pas la lumière du plafonnier, beaucoup trop crue selon lui. Alors les multiples abat-jour percent la pénombre de leur halo doré et offrent une ambiance beaucoup trop intime. Ce soir-là, la luminosité vient surligner ce que je suis en train de leur annoncer, lui donne une connotation dramatique dont je me passerais bien. Je suis planté près de la table basse, alors que maman et papa sont assis. Le journal qu'il tient à la main s'affaisse, elle lâche son magazine sur ses genoux.

— Quoi ?

Je ne sais plus lequel dégaine le premier cette exclamation. Mais elle ricoche entre eux, les unit contre la déclaration que je viens de leur sortir d'une voix que j'espère assurée et que je découvre aussi frêle que du cristal.

Alors, je répète :

— Je n'irai plus à Vers le Vrai.

— Pourquoi ? Il s'est passé quelque chose ?

— Non... et c'est bien le problème, papa. Il ne s'est rien passé. Il ne s'y passe jamais rien. Et il ne s'y passera rien du tout.

— Mais... commence maman, comment peux-tu dire ça ? Cela ne fait que...

— Deux mois bientôt. Deux mois que j'y vais, deux fois par semaine, et que je ne suis pas plus avancé. Au contraire, je suis même plus perdu qu'au début.

— Et ? Qu'est-ce que tu penses faire, maintenant ? Es-tu guéri au moins ?

Le regard de mon père me fouille avec sévérité et réclame une réponse.

Que je suis bien incapable de lui donner.

— Non ! Je ne suis pas guéri, comme tu dis. Et tu sais quoi ? Je ne me sens pas malade... Je suis en pleine forme.

— Paul ! s'exclame maman, comment peux-tu plaisanter avec ça ?

J'essaye de m'expliquer, mais je sais déjà que je perds mon temps :

— Ce que je veux dire, c'est que Matthieu ne m'apporte aucune réponse et encore moins de solution. On parle, on raconte, on prie... mais ça ne me mène à rien. Ça ne me libère pas. Ça ne me change pas.

— Au moins ça te met du plomb dans la tête, maugrée mon père. Tu comprends que tout ça n'a aucun sens, j'espère !

Je me mords les lèvres. L'évidence me perfore le crâne : il ne comprend pas. Il ne comprendra jamais.

— Ton père et moi nous prions tant ! s'affole maman. Tu ne peux pas renoncer maintenant, après avoir fait autant d'efforts.

— Mais jusqu'à quand ? Et pourquoi ?

— Pourquoi ? Tu demandes pourquoi ? Mais parce que c'est... impossible ! Impensable ! Tu m'entends ?

Papa s'est levé. Sa colère, qu'il tente de retenir, vrombit dans toute la pièce.

— Oui...

J'entends, oui, mais je n'y peux rien. Je suis face à un mur et ils ne m'aident pas. Ils voudraient que je continue à cogner, jusqu'à faire saigner mes poings.

Mon âme.

Mais je frappe dans le vide et je suis le seul ici à m'en apercevoir.

— Je t'entends, papa. Mais j'ai pris ma décision.

***

Il m'avait été difficile de revenir au domicile familial après ce que j'avais vécu cette nuit-là auprès de Matéo. Toute la journée, j'avais été à côté de mes pompes, rongé par le doute et la culpabilité. J'avais la sordide impression d'avoir franchi une ligne rouge sans pouvoir déterminer laquelle exactement. Nous étions-nous embrassés ? Oui, si j'étais honnête, ma bouche se souvenait encore du contact de ses lèvres et du chemin qu'avait tracé cette effusion jusqu'à mon ventre. Comment elle m'avait éperonné. Mais avions-nous été beaucoup plus loin que ce survol, cet effleurement ? Les gestes qui nous avaient conduits jusqu'à son lit n'avaient été que des ébauches et rien n'avait été concrétisé. Nous étions restés à la lisière d'un transport plus appuyé, réel celui-là, qui aurait sans doute été pire que tout. Nous n'avions échangé que des caresses superficielles... Mais plus je minorais ce que j'avais vécu, plus je minimisais ce que j'avais ressenti, moins je me trouvais crédible. J'avais été tout contre lui, entre ses bras, et ses caresses n'avaient rien eu de virtuel. Bien au contraire. Quant à mon désir, je m'en souvenais comme d'un feu mordant. Incandescent. J'étais mortifié.

Je suis rentré sans dire un mot, j'avais envie de raser les murs, de me retirer dans ma chambre et de ne plus en sortir. Surtout ne pas affronter le regard de papa et maman qui m'attendaient pour le dîner. Je n'avais pas faim. Pas envie d'entamer une discussion stérile, à mille lieues de mes préoccupations, parce que je n'étais pas certain de tenir la distance. De ne pas trahir mon trouble. Tout ce que je voulais, c'était qu'on me foute la paix. Mais ce n'était pas l'esprit de la maison !

— Dis, mon chéri, m'a interpellé ma mère à peine le premier pied posé sur le paillasson, d'où viens-tu ? Tu n'es pas rentré hier soir...

— Je t'ai laissé un message pour te prévenir. J'ai été bosser chez un copain et comme on a fini tard, j'ai préféré rester dormir.

— Oui, oui... c'est ce que tu m'as écrit.

Au lieu d'en finir, j'ai vu qu'elle me tournait autour, que les yeux qu'elle posait sur moi étaient pleins de suspicion amusée, ou plutôt inquiète. Qu'est-ce qu'elle était allée s'imaginer ? Je craignais le pire et je n'ai pas eu besoin d'attendre longtemps. En m'installant dans la salle à manger, face à une assiette de soupe fumante, je tentais de paraître détendu, au-dessus de tout soupçon. Mais je devais avoir une drôle de tête, car maman est repartie à l'attaque, sans attendre, et en dégainant un argument que je n'ai pas vu venir.

— Je te trouve un peu pâlot. Tu n'as pas dû dormir beaucoup…

Sa voix hésitait entre l'humour et le reproche. Mais qu'est-ce qu'elle cherchait ? Je n'étais pas en état de soutenir une conversation !

— Et ce matin ? Tu faisais quoi ? a-t-elle repris sur le même ton.

Papa portait la cuillère à sa bouche tout en nous fixant tour à tour, comme s'il suivait un match de tennis.

— Ben je suis allé au lycée directement, comme je te l'ai dit.

Je me suis brûlé la langue, pressé de finir ce repas qui tournait à l'interrogatoire, pile le jour où il ne fallait pas.

— Non, avant je veux dire. Avant les cours.

J'ai relevé la tête sans comprendre. Elle s'est fait un plaisir de m'éclairer :

— La jeune fille avec qui tu prenais le petit déjeuner… ce n'est pas chez elle que tu as dormi, au moins ?

C'était donc ça ! Comment avait-elle pu nous voir ? Je n'ai pas eu besoin de lui poser la question :

— J'avais rendez-vous à la médiathèque départementale tôt ce matin. En passant en voiture, je vous ai vus sortant de la boulangerie près du lac…

Papa avait arrêté de manger. Ils me fixaient tous les deux avec une telle intensité qu'un poids m'écrasait la poitrine.

— C'est ta copine ? Tu ne fais pas n'importe quoi avec elle, au moins ?

L'inquiétude paternelle se joignait au blâme maternel. L'inquisition parentale venait d'ouvrir les vannes. Je me suis senti submergé. J'en perdais la vue, l'ouïe, la respiration. Tout devenait opaque. Le mensonge qui aurait dû me sauver la mise se refusait à moi. Mon corps ne suivait pas, mon esprit non plus. Muet, le regard vitreux, j'ai quitté la table brusquement.

Mais me réfugier dans ma chambre, claquer la porte violemment, ne suffisait pas à désarmer ma mère. Elle m'a suivi, ses pas, pourtant légers dans l'escalier, dans le couloir, étaient un supplice pour mes oreilles. Et d'un coup, elle était là, devant moi, raidie par la contrariété.

— Paul... enfin ! As-tu fait une sottise ? On est en droit de savoir, tu sais...

— Une sottise ?

— Je ne sais pas, je cherche à comprendre. Ton attitude est vraiment bizarre... Et puis cette jeune fille... elle avait une drôle d'allure, non ? a-t-elle ajouté avec une petite moue dédaigneuse.

Je déglutissais, essayant vainement de refouler les sanglots qui se pressaient en moi, qui menaçaient de déborder à chaque seconde.

— Réponds-moi, s'il te plaît !

Maman avait crié, sans doute pour m'obliger à réagir, pour m'aider à évacuer ce que j'avais tellement de mal à lui révéler. Mais comment aurait-elle pu deviner ce que mon silence forcé, douloureux même, dissimulait ? Elle restait là, alors que j'aurais voulu qu'elle sorte, qu'elle me laisse tranquille, qu'elle disparaisse. Elle s'est rapprochée, m'a pris par les épaules et d'une voix calmée, voyant combien j'étais bouleversé, elle m'a fait cette promesse :

— Tu peux tout nous dire, tu sais bien.

C'était la parole de trop.

J'y ai cru.

Je l'ai crue.

Je m'en veux encore...

XXX

Thalia

Un immense drapeau arc-en-ciel mange le mur du fond. Les portraits de celles et ceux qui l'ont précédée s'affichent, sérieux ou drôles, comme autant de témoignages d'espoir. Le centre d'accueil de jour de L'Abri, que Thalia a contacté grâce au numéro filé par Loïs, est en plein centre-ville. Non loin du marché des Marronniers et de la cathédrale, une porte simple s'ouvre sur un local plutôt chaleureux avec canapés et fauteuils, prêts à recevoir les peines et les pas perdus. C'est là que Clotilde l'a fait s'installer. Thalia se rend compte qu'elle ne doit pas avoir fière allure avec ses cheveux sales, ses fringues qui schlinguent et son nez qui coule. Pourtant Clotilde lui sourit, lui offre une boisson chaude, la met à l'aise. Surtout, il fait bon ici et Thalia peut se permettre de quitter une ou deux couches de vêtements sans se mettre à trembler.

— Ça va ?

Mauvaise question. Elles le savent toutes les deux. Si elle se retrouve ici, c'est forcément que ça va mal, très mal même. Mais la jeune femme, au sourire large et aux dents du bonheur, cherche à nouer le dialogue. Tant pis s'il faut en passer par des banalités inadaptées. La lycéenne se contente de secouer la tête. Les mots ont du mal à passer. Déjà, au téléphone, elle avait dû faire des efforts surhumains pour expliquer sa détresse, son besoin d'assistance. Ce n'est pas si facile de reconnaître qu'elle est au bout de quelque chose. À bout, tout simplement. Sans ressources et sans autre choix que de crier au secours. Thalia a dû se faire violence pour composer les dix chiffres qui pouvaient lui venir en aide.

— Bien... Alors je t'explique comment ça va se passer, d'accord ?

Un hochement affirmatif cette fois. Ne pas avoir à parler la repose.

— Tu vas devoir passer un entretien préliminaire.

Les sourcils de Thalia se froncent... C'est quoi, un entretien préliminaire ? Une sorte d'enquête ? Elle n'est pas chez les flics ! Clotilde décèle vite le mouvement de recul de l'adolescente. Elle a l'habitude. La peur d'être stigmatisé fait partie de l'ADN de ces jeunes qui sont si souvent la proie des calomnies, des jugements à l'emporte-pièce et d'insupportables acharnements. Elle le sait et c'est pourquoi elle s'empresse de reprendre :

— C'est pas un interrogatoire, je te rassure. C'est pour mieux te connaître, pour cerner tes attentes, tes besoins et y répondre au mieux, avec les mesures les plus appropriées possibles.

— O.K... lâche Thalia du bout des lèvres.

Elle attend de voir quand même, pas complètement certaine de ne pas devoir se justifier. Comme si elle avait fait quelque chose de mal... alors que non ! Pas du tout ! C'est pas sa faute si elle s'est retrouvée à la rue... Qu'est-ce qu'elle pouvait faire d'autre ? Les larmes lui montent aux yeux, alors qu'elle voudrait tellement se montrer forte.

Mais c'est impossible. Elle n'a jamais été aussi vulnérable qu'à cet instant où elle remet son existence entre les mains de cette inconnue.

— Tu as le droit de pleurer, tu sais ? lui confirme doucement Clotilde. Je ne connais pas encore ton parcours, mais tout me dit que tu reviens de loin. Tu es passée en mode survie pour tenir jusqu'ici. Tu n'as pas à en rougir... au contraire. Ce que tu as traversé a dû être effrayant.

La voix de la jeune femme, les phrases qu'elle prononce ont un effet immédiat sur Thalia. C'est un catalyseur d'émotions et tout déborde.

Clotilde change de place, vient se positionner à son côté, pose une main légère sur ses épaules secouées par des sanglots géants et attend. Attend que la houle se calme, que le chagrin s'écoule.

— Je suis désolée, commence Thalia en s'essuyant le visage avec sa manche.

— Tiens...

Clotilde lui tend une boîte de mouchoirs que l'ado cale sur ses genoux.

— Tu n'as pas à être désolée. Tu me diras quand tu seras prête à répondre à mes questions... Ne t'inquiète pas.

Thalia redresse le front, cherche les yeux de celle qui lui parle pour y trouver un point d'appui. Ce n'est pas difficile, le regard de la jeune femme soutient le sien et l'encourage. Ça faisait si longtemps qu'elle n'avait pas eu droit à une telle attention, une telle écoute. Alors, l'ado puise tout le courage qu'elle a encore en stock pour ne pas rester en rade, pour saisir cette planche de salut.

— Je suis prête. Maintenant.

Son interlocutrice sort un dossier et un stylo, s'assure que Thalia est bien là, avec elle, enfin décidée à lui confier tout ce qui l'a conduite jusqu'ici et se lance. Au terme d'une heure de questions-réponses, Clotilde a bouclé ce que, dans leur jargon, les travailleurs sociaux appellent un diagnostic global de la situation du jeune pris en charge. Thalia n'a pas pris de drogue, n'est pas alcoolique, ne s'est pas livrée à la prostitution... n'est addict à aucune substance illicite pouvant créer des complications lors d'une éventuelle prise en charge. Au fil de la discussion, la jeune fille a été bousculée, saisissant soudain qu'elle avait échappé au pire, que d'autres pouvaient sombrer bien plus bas en essayant de s'en sortir.

Clotilde a terminé et relit une dernière fois ce qu'elle vient d'écrire :

— Tu as de la chance, d'habitude nous sommes obligés de passer par une liste d'attente, mais nous avons justement une chambre qui vient de se libérer. Un jeune garçon, que nous accompagnons depuis plusieurs mois maintenant, vient de trouver un emploi. Il va rejoindre un foyer de jeunes travailleurs, et toi, tu vas pouvoir récupérer son logement.

— Vraiment ?

Thalia a du mal à réaliser. Au téléphone, Clotilde ne lui avait surtout rien promis. Tout d'un coup, c'est l'assurance d'un vrai toit qui s'ouvre devant elle. Un endroit où s'installer, même provisoirement, même à moitié. Pour un peu, elle lui sauterait au cou, à sa sauveuse. Mais elle craint d'être prise pour une hystérique, en passant, comme ça, des larmes au rire. Et puis elle n'est pas sûre d'en avoir la force. Alors elle se contente de la faire répéter pour être sûre de ne pas évoluer dans un rêve.

— Vraiment, lui garantit Clotilde. On va prendre les mesures nécessaires à ton intégration et tu vas rapidement pouvoir rejoindre ta nouvelle adresse.

— Merci...

Le mot est chuchoté mais il est tellement lourd de soulagement, de reconnaissance, d'incrédulité aussi, qu'il explose comme un grand feu de joie. Toute la physionomie de Thalia se met au diapason, comme si l'épuisement, l'angoisse et la colère emmagasinés depuis le début de ses galères s'évaporaient, la libéraient. Elle sait déjà que ce n'est qu'une illusion, qu'il lui faudra beaucoup plus qu'un toit sur la tête et un lit normal pour repartir de l'avant et retrouver son énergie. Mais à cet instant, elle refuse d'y penser, elle veut juste profiter et ne pas se soucier de l'après. D'ailleurs, Clotilde s'en charge pour elle :

— Tu vas devoir rencontrer une psychologue. La première séance est obligatoire, ensuite, à toi de voir si tu veux poursuivre ou non. L'objectif que nous visons, c'est de te remettre le pied à l'étrier, de te réinstaller dans ta vie et de t'accompagner vers l'autonomie en construisant avec toi un projet d'avenir.

Thalia écoute sans écouter... Tout cela lui semble trop flou, trop lointain pour ressembler à une réalité concrète. Elle préfère se concentrer sur la voie de secours qui vient de se matérialiser en forme de présent immédiat, de pièce où poser ses affaires...

— Et puis, ajoute la jeune femme à la queue-de-cheval, sans prendre ombrage de ce manque d'intérêt manifeste, le plus important, c'est que tu ne passeras pas Noël à la rue.

Au mot de Noël, Thalia revient instantanément dans la conversation. Ce sera la première fois qu'elle passera les fêtes de fin d'année loin de chez elle. Hors de chez elle. Sans son petit frère. À cette idée, son cœur se serre violemment dans sa poitrine, comme s'il voulait disparaître pour moins souffrir. Rien ne sera donc plus pareil maintenant ? Ne pas être à la belle étoile est une chose, être seule en est une autre. Surtout lorsque la solitude est le résultat d'une déchirure sans retour, celle d'avoir été rayée de sa famille. Avant que toutes les ondes positives déployées ne se désagrègent face à cet horrible retour de boomerang, Clotilde se lève et lance :

— Allez viens ! Je vais te faire visiter et te présenter tes colocataires.

Cette proposition sort Thalia de ses sombres pensées. Bouger, agir... elle retrouve aussitôt ses bons vieux réflexes, ceux qui lui permettent d'encaisser les chocs. Elle secoue sa tignasse pour mieux chasser tout ce qui lui encombre l'esprit et, ramassant son sac, balance un « *yes* ! » tonitruant, censé recouvrir tout ce qui pourrait venir faire obstruction à la démarche qu'elle vient d'entamer. Rester déterminée, braver l'adversité, demeurer optimiste... autant de traits de caractère qu'elle ne veut pas renier, même si c'est pas gagné, même si c'est hyper difficile.

XXXI

Paul

À peine avais-je posé la tête sur l'oreiller que le sommeil m'emportait. Ma décision prise, ma volonté affirmée de ne pas remettre les pieds à VLV m'avaient libéré d'une tension que je portais depuis trop longtemps. Cela faisait des siècles que je n'avais pas connu une telle nuit. Profonde, lourde, tranquille. Je me suis réveillé dans une forme olympique, prêt à croquer la première journée des vacances de février, qui s'annonçaient délestées d'un poids amer. Mais je n'avais pas anticipé la réaction de mes parents qui, eux, n'avaient pas fermé l'œil. Je les avais quittés fâchés, déçus, au bord de l'explosion. Si j'avais pris le parti de ne pas m'en préoccuper – après tout, j'avais dix-huit ans, j'étais majeur, comme me l'avait dit Thalia, la fille-fée que j'avais rencontrée au bord du lac avant que je plonge dans l'enfer de VLV –, ils se sont chargés de me rappeler à mes obligations filiales et religieuses.

Aussi, alors que mon bol refroidit sur la table du petit déjeuner, papa et maman me font face tous les deux, plus déterminés que jamais. C'est lui qui ouvre la bouche le premier pour me faire part de leurs délibérations :

— Écoute-nous, Paul. Tu ne peux pas en rester là. Si tu ne veux pas retourner à VLV, nous devons trouver un autre moyen de t'aider. Te détourner de ce groupe ne doit pas te détourner du chemin de Dieu. Ce serait vraiment terrible d'abandonner en cours de route. Matthieu, que nous avons appelé à la rescousse, a bien compris que tu étais à un tournant de ta guérison...

Encore ce mot ! Je ne peux réprimer une grimace, ce qu'il remarque immédiatement.

— Guérison, retour à la normalité... appelle ça comme tu voudras, s'agace-t-il, mais tu sais parfaitement de quoi je parle. Nous ne pouvons admettre que tu te laisses glisser sans réagir sur une voie qui serait fatale à ta rédemption.

— Tu ne peux pas baisser les bras maintenant, si près du but, renchérit maman, tous les traits en alerte.

— Et si je le faisais quand même ?

Un silence horrifié suit ma sortie. Ils ne s'attendaient pas à ce que je me révolte. Je sors déjà du cadre avec ma décision, alors que je ne leur obéisse plus leur semble tout simplement impensable. Leurs yeux se cherchent dans un mouvement fou des pupilles alors qu'ils tentent de rester maîtres de la situation. Finalement, papa préfère passer outre et va directement à ce qu'ils m'ont concocté avec Matthieu :

— Il nous a parlé d'un stage pendant les vacances de février. Il s'agit d'un regroupement catholique autour de thématiques diverses. L'idée est de t'inscrire à cette session de restauration afin de te permettre de te reconstruire.

J'ai la sale impression qu'il récite un texte appris par cœur. Tous ces mots enfilés les uns à la suite des autres, comme autant de mantras censés me soigner, me donnent envie de vomir. Tout le bien-être éprouvé à mon réveil a disparu. J'aurais besoin d'une armure pour supporter les coups qu'il me porte. Mais je n'ai rien qu'un stupide pyjama et je me mets à trembler.

— Mon chéri, intervient maman qui s'aperçoit de mon trouble, c'est pour ton bien. Nous n'allons pas te laisser à tes démons. Nous sommes là pour t'accompagner vers la lumière.

— Tu pars demain, ajoute papa sans me laisser le temps de réagir, j'ai pris les dispositions nécessaires. C'est un établissement très bien, à la campagne. Tu pourras t'y ressourcer, suivre les enseignements de personnes compétentes, être entouré d'une équipe solidaire, retrouver tes repères, redonner un sens à ta vie.

Il a bien appris sa leçon. Elle me gèle sur place. Je suis incapable de réagir alors qu'en moi c'est le chaos intégral. Sans quitter son air grave et sévère, il fait deux pas vers moi et, posant la main sur mon bras, m'achève :

— Paul... Je compte sur toi. Ton salut et l'honneur de la famille sont entre tes mains. Ne nous déçois plus.

Mon désir de lui résister fond instantanément. Je n'ai plus dix-huit ans. J'ai cinq ans, dix ans... Juste un gosse, incapable de me soustraire à l'autorité paternelle.

***

— Je n'étais pas avec cette fille, maman. Ni cette nuit, ni jamais.

— Mais...

J'ai inspiré profondément avant d'articuler, des pierres dans le gosier :

— J'étais avec un garçon. Il s'appelle Matéo.

— Matéo ? Vous avez travaillé ensemble ? Il est dans ta classe ?

Je la fixais alors que ses yeux virevoltaient presque malgré elle. Elle cherchait sans résultat à les arrimer aux miens pour stabiliser ses pensées, pour leur éviter de dévier vers ce qu'elle commençait à entrevoir et qui la terrifiait. L'horrifiait. Je ne lui en laissais pas le temps. Elle voulait savoir, elle allait savoir.

— Non. Il est étudiant en droit. Je ne suis pas allé le voir pour bosser. J'y suis allé parce que...

Parce que quoi ? Parce qu'il me l'a demandé ? Parce que j'ai voulu jouer avec le feu ? Parce qu'il me plaisait ?

— Parce que nous sommes très proches.

J'ai baissé les yeux. Son regard était devenu insoutenable. J'avais l'impression d'avouer un crime.

Un meurtre.

Un attentat.

Maman a reculé de plusieurs pas, mettant le plus d'espace possible entre elle et moi, comme si j'avais attrapé la peste. Pestiféré et contagieux.

Elle ne disait plus rien, sondait le silence qui s'installait, saisissant peu à peu la teneur de ce que dissimulait – mal – ma réponse. Alors j'ai attrapé sa main qui ballottait contre sa cuisse, pour la retenir, pour qu'elle ne me rejette pas, et j'ai ajouté de manière précipitée :

— Il ne s'est rien passé. Maman, je te le jure. Rien.

Nouveau silence, ses doigts se sont détendus entre les miens. J'ai resserré mon emprise et je lui ai glissé, désemparé :

— J'ai peur.

Aussitôt, je l'ai vue changer. L'ovale de son visage s'est comme solidifié de l'intérieur. La mère a laissé la place à la femme de militaire. *Prendre le taureau par les cornes*, expression qu'elle a toujours adoré utiliser pour nous motiver, n'a jamais eu autant de réalité qu'à cet instant-là. Elle s'est détachée de mon étreinte avec lenteur, s'est dirigée vers la porte avant de changer d'avis et de se retourner vers moi :

— Nous t'aiderons, Paul. Je te le promets.

Et elle a tenu sa promesse. Maman a d'abord mis mon père au courant. Mes sœurs ensuite. Noël était presque là et nous serions tous réunis pour fêter la naissance de Jésus-Christ. L'effervescence familiale qui accompagnait les réjouissances de fin d'année ne devait pas être altérée par ce que j'avais confié. Au contraire, nous devions, sous la houlette maternelle, être plus unis que jamais. Bien sûr, il n'était pas question d'évoquer le sujet à l'apéritif ou à table. Mais l'esprit de Noël devait resserrer nos liens face à cette épreuve envoyée par Dieu, comme l'avait présentée maman aux autres membres du clan. J'étais emporté malgré moi dans ce mouvement qui prenait la forme d'un déferlement d'amour. Les manifestations de tendresse de Marie, Marguerite et Madeleine étaient sous-tendues par le désir virulent de ma mère de m'extirper de la honte dans laquelle j'avais failli m'engluer. J'étais pris dans une tornade qui m'assaillait de toutes parts et que seule Marguerite avait bien voulu me décoder :

— Maman souhaite qu'on ne te lâche pas d'une semelle. Que notre affection fasse rempart autour de toi et écarte tes mauvais penchants. Elle veut qu'on bâtisse un nid de bonheur et de joie où tu puisses te réfugier pour échapper au mal qui te guette. Alors on en fait des tonnes...

J'avais bien remarqué. Et toutes ces marques de douceur, si elles me rassuraient sur les sentiments des miens à mon égard, décuplaient mon angoisse. Car poussées ainsi à l'extrême, j'émettais de gros doutes sur leur sincérité.

Seule Marguerite avait tenté une approche plus franche en me posant des questions. Elle m'avait raconté qu'à Limoges, certains de ses camarades des Beaux-Arts étaient homosexuels et qu'à vrai dire, cela ne la gênait pas plus que ça. Qu'elle avait appris à leur contact à remettre en question certaines idées toutes faites des parents, ces dernières lui semblaient maintenant d'une autre époque. Mais elle n'osait pas le dire ouvertement et j'avais moi-même du mal à adhérer à son avis. J'étais persuadé d'avoir un problème et d'avoir besoin d'aide pour m'extirper Matéo de l'esprit, quand son souvenir venait toquer à mon cœur.

J'ignorais que ma mère, en générale de guerre, était déjà montée au créneau pour rectifier ce qu'elle s'évertuait à appeler un dérapage. Elle avait contacté le père Philippe, notre ami et confesseur depuis toujours, qui lui avait apporté la solution sur un plateau : le groupe de parole Vers le Vrai, dirigé par un certain Matthieu. Un homme de foi, dévoué à l'Église, dont la formation de psychologue l'avait habitué à accompagner les hommes et les femmes aux tendances profanes et déviantes. À condition que je le veuille vraiment, il pouvait m'accueillir dans son unité afin de me remettre sur la voie de Dieu. Maman, soutenue par papa, m'avait proposé cette idée sans craindre une seule seconde que je puisse la refuser, voire m'insurger. Elle avait entièrement raison. J'étais si désorienté, si désemparé, que j'étais prêt à essayer n'importe quoi.

— Tu peux commencer dès demain. L'accueil a lieu deux soirs par semaine. Cela ne dérangera pas tes cours et te permettra de te recentrer sur l'essentiel, de te réconcilier avec toi-même.

Je la revois encore, droite devant moi, ses cheveux tirés en arrière, son chignon discipliné, ses yeux débordants de confiance. Papa, un pas en retrait, posait sur moi un regard chargé d'attentes. Ils n'espéraient pas seulement, ils croyaient en ma guérison. Vers le Vrai n'attendait plus que moi pour me sauver, me tendait les bras pour m'aider à redevenir normal. Me délivrer du mal. À leurs yeux, comme aux miens, je n'étais victime que d'un affreux malentendu. Une erreur de parcours que j'allais rectifier grâce à leurs prières et à mes efforts. Je ne pouvais pas refuser ce secours providentiel qu'ils avaient déniché pour moi. Par amour autant que par devoir.

— Merci.

Je me souviens de ce mot que j'avais prononcé avec conviction. Avec toute la force de ma foi en eux et en Dieu.

J'étais bien loin, alors, d'imaginer combien j'allais déchanter, combien ma personnalité allait vaciller, combien mon identité allait être remise en cause. Combien leur amour était aveugle, préfabriqué par des valeurs qui m'excommuniaient d'avance.

XXXII

Thalia

Ses doigts se perdent dans les plis de la couette. Ses poings serrent et desserrent le tissu sans qu'elle en ait vraiment conscience. Assise en tailleur sur son lit, Thalia a l'impression de naviguer à vue. Son corps cherche à apprivoiser le nouvel espace qui est le sien. La chambre de l'appartement-relais lui semble si vaste par rapport à sa tente, dont les limites toilées commençaient à l'étouffer. Thalia balance un bras autour d'elle pour vérifier qu'il ne s'aplatit pas contre le mur, jauge ainsi l'air qui l'entoure. Elle ferme les yeux, expire, inspire. S'acclimate à sa façon. Pour un peu on croirait qu'elle s'est mise au yoga. Mais c'est seulement un moyen de prendre possession de ce que L'Abri lui offre. Elle avait oublié qu'il était possible d'évoluer dans un espace clos sans craindre de se cogner le front, les pieds, le dos... et cela lui semble un cadeau géant.

Elle a d'abord fait connaissance avec les autres jeunes avec lesquels elle va devoir cohabiter. Quatre garçons et une fille. Elles ont chacune une chambre particulière quand les gars sont en binôme. La cuisine et la salle de bains sont communes.

Margot a visiblement vécu des trucs glauques qui la tiennent à distance. Elle ressemble à une sauvage avec ses cheveux torsadés et ses yeux fuyants. Thalia n'a pas échangé plus de trois mots avec elle depuis son arrivée. Elle est quasi muette. Clotilde lui a fait comprendre qu'elle venait de subir une cure de désintoxication et que son parcours était trop douloureux pour qu'elle puisse en parler. Mais si elle est là, à cette adresse, avec eux, c'est qu'elle est sur la bonne voie. Même si ça ne saute pas aux yeux...

Lukas, Patrice, Farid et Ali sont plus bavards. Ils se sont tous retrouvés à la porte. Volontairement pour Lukas et Farid. La haine était devenue quotidienne et trop violente. Menaces ou coups, la fuite a été leur seule solution. Pour Patrice, c'est son père qui lui a carrément volé ses clés pour qu'il ne revienne plus. Mais c'est d'Ali que Thalia se sent le plus proche. Pourtant, rien à voir, son parcours est à mille lieues du sien. Avec des mots hachés et des phrases souvent tordues, il lui a expliqué qu'il a débarqué du Soudan, il y a deux ans. Pourchassé pour son homosexualité, punie de la peine de mort dans son pays, il n'a pas eu d'autre solution que de braver le danger, la faim, la peur, les kilomètres et les frontières pour se mettre à l'abri. Heureusement, il l'a trouvé ici, dans ce lieu où ce n'est pas la nationalité ni le passé, encore moins l'orientation sexuelle, qui servent de sésame mais bien la réalité d'une situation plus que critique. Le premier soir, alors que les autres étaient allés se coucher, ils sont restés assis, devant une tablette de chocolat, à se parler pendant des heures. Thalia ne comprenait pas tout, Ali n'a pas fini d'apprendre le français, mais elle l'écoutait, aussi fascinée qu'écœurée par le périple qu'il avait dû subir et qui lui disait combien, ailleurs, être gay peut être un péril mortel.

Dans ce territoire neutre, au deuxième étage du vieil immeuble, à deux pas de la rue Bourbonnoux, ils forment à eux six une communauté, forcément bricolée, carrément bancale, fatalement abîmée, mais unie malgré tout. Qu'ils s'évitent ou se cherchent, se confient ou se taisent, ils ne se jugent pas. Ce qu'ils voudraient, c'est pouvoir avancer, s'en sortir par le haut, même si c'est long, même si c'est dur.

Clotilde lui a parlé de six mois de prise en charge, qui ont tendance à s'étirer bien souvent... Thalia a précieusement rangé sa toile de tente au fond du placard. On ne sait jamais ce que l'avenir réserve.

Le jour de Noël, l'équipe de L'Abri a bien fait les choses et leur a apporté un dîner de fête. Des plats tout prêts, mais élaborés : de la dinde et sa purée de marrons, des fromages de montagne et une bûche glacée au chocolat. Un vrai festin accompagné de jus de fruits et de papillotes pralinées. De quoi changer des repas Restos du Cœur. Lukas a installé un mini-sapin de planches de bois, récupérées dans les poubelles, Patrice et Farid, eux, ont découpé des guirlandes dans lc journal local, Thalia, emportée par le mouvement, a réalisé des boules de papier mâché que Margot a peintes avec son vernis à ongles bleu sans desserrer les dents. C'était six fois rien, mais six fois énorme.

Ali, à la fin du repas, s'est mis à entonner des chants de son enfance et ils ont tous fini par l'accompagner, chacun revisitant une chanson venue de loin. Un drôle de gloubi-boulga sonore. Patrice a même sorti sa guitare de son étui et, lui qui n'avait plus touché une corde depuis des mois, il s'est mis à jouer avec un allant retrouvé. Ali et Thalia ont esquissé quelques pas de rock, maladroits mais rieurs. N'importe quoi pour masquer les peines qui hurlaient derrière les lèvres, les chagrins qui poussaient derrière les paupières, l'angoisse de l'après qui leur grillait les neurones. Des heures à être ensemble pour ne plus cogiter, comme une vraie famille. Une famille dépareillée, sans passé, au futur incertain, mais avec un présent à savourer.

— *Carpe diem*, avait lancé Thalia en levant son verre et en souvenir du *Cercle des poètes disparus*, film qu'elle avait vu et adoré dans sa vie d'avant.

La locution latine n'avait jamais été aussi adaptée.

La vaisselle faite et les restes confiés au frigo, chacun avait regagné sa chambre et la tristesse, qu'ils avaient réussi à tenir à distance, était revenue en mode matraque. Thalia avait fait surgir les photos de son petit frère sur son téléphone, les scrollant une à une pour mieux les agrandir. Pour mieux souffrir, saisissait-elle, lucide. Elle s'engueulait, mais rien n'y faisait : elle persistait. La bouille ronde d'Arthur, son sourire de traviole et ses boucles folles lui mettaient le cœur à l'envers. Une envie dingue de le serrer contre elle l'avait dévorée toute crue et le moment d'évasion avait pris fin dans un torrent de larmes impossible à retenir.

Les jours sont passés sur les vacances et, dans son nouvel environnement, elle n'a pas rouvert ses cours. Ils sont restés au fond de son sac. C'est comme si sa volonté était prise au piège. Elle qui croyait que tout serait plus facile, une fois installée à L'Abri, se découvrait gagnée par une méga-flemme... à moins que ce ne soit par une peur irraisonnée

– voire démesurée – qui la paralysait aussi sûrement qu'un glaçon dans le congélo. Lorsque la sonnerie du lycée avait retenti, elle n'y était pas retournée. Clotilde avait beau la rassurer, lui dire que dans son état d'épuisement et de choc, il était compréhensible de ne pas pouvoir aller en classe, Thalia avait du mal à entendre que, lorsqu'elle était sous son tipi, elle y arrivait mais qu'une fois ses conditions de vie améliorées, elle ne pouvait plus.

La psychologue l'avait envoyée chez un médecin qui lui avait prescrit toute une batterie de médicaments censés lui redonner des forces. Leur effet se faisait désirer. En attendant, Thalia avait été mise en arrêt maladie. Elle ne souffrait pourtant de rien. Rien de visible.

***

Trois petits coups à la porte. C'est Clotilde qui vient pour faire le bilan de la semaine, l'aider à faire ce fameux point qui lui échappe tellement. Mais rien n'a changé depuis la semaine précédente, et la semaine d'avant, et la semaine d'encore avant...

— Donne-toi du temps, Thalia, l'exhorte Clotilde.

— Mais c'est insupportable. Je ne me supporte pas...

— Ton impatience est une arme à double tranchant. Tu ne dois pas t'en servir pour brûler les étapes mais pour franchir la prochaine.

— Et c'est quoi, la prochaine ?

— À toi de me le dire.

— Je veux avoir mon bac.

— Sauf que tu es incapable d'aller au lycée.

— Je me déteste. Je déteste être aussi nulle…

— J'ai réfléchi à ton problème… Tu devrais poursuivre tes cours grâce au CNED.

— C'est quoi, ça ?

— Des cours à distance. Tu les reçois chez toi et tu travailles toute seule. Tu es corrigée quand tu envoies tes devoirs. Il faut que je voie avec eux, car tu es majeure, mais tu pourrais peut-être en bénéficier gratuitement, car, dans ton cas, on peut prouver une interruption d'études. Qui n'est pas de ton fait. Qu'est-ce que tu en penses ? Ça t'intéresserait ?

Thalia est un peu submergée par les infos mais, oui, ça l'intéresse. Parce qu'elle n'a pas d'autres projets que celui-là, parce que c'est le seul qui lui reste dans le désert qu'est devenue sa vie. Et si elle l'obtient ? Est-ce que ce sera la clé d'un futur à inventer ? Lequel ? Impossible de savoir, mais c'est un embryon d'espoir. Peut-être un marchepied, un tremplin sur lequel rebondir. Clotilde reprend, continue d'allumer des loupiotes dans son brouillard :

— Ce serait super que tu obtiennes ton diplôme. Il te redonnera confiance, tu pourras avancer et choisir le cursus qui te correspond le mieux.

Voilà ce qu'elle a besoin d'entendre. La confiance en ses capacités. Parce que, si elle réfléchit, elle a l'impression d'avoir été brisée en mille morceaux. Par des abrutis au lycée, par Loïs qui l'a larguée méchamment – même si elle a essayé de se rattraper depuis –, par ses parents surtout, qui l'ont évincée de leur existence. Et maintenant, sa pire ennemie, elle a bien peur que ce soit elle-même. En pleurnichant pour un rien, en se dévalorisant tout le temps, en se détestant d'en être là...

— Thalia, regarde-moi. Si tu es là, avec nous, si je me décarcasse pour toi, c'est que je crois en toi. Alors tu as beau être en colère après la Terre entière et surtout après toi-même, on ne va pas te laisser tomber. Parce que tu le vaux bien !

Clotilde finit sa phrase dans un sourire de slogan publicitaire. Une punchline à la con, d'accord, mais qui a la saveur d'une vitamine.

— Tu crois ? murmure Thalia. En même temps, le distanciel, on a déjà donné avec le Covid...

— Pas faux ! Vous êtes une génération de débrouillards. Et toi, Thalia, tu es une sacrée fonceuse.

Le dernier terme roule jusqu'à elle. Elle grimpe dessus. Pas question de ralentir. Elle en est exactement là. Au moment où faire marche arrière n'est plus une option. Même si l'horizon qui s'ouvre devant elle est abyssal...

XXXIII

Paul

Mon sac à l'épaule, je débarque sur un quai de campagne, dans un bled paumé. J'ai refusé que mon père m'accompagne. Accepter de faire ce stage était déjà une abdication. Je pressentais l'erreur fatale et je ne voulais pas que sa présence me rappelle mon incapacité à lui tenir tête.

Une femme à talons et foulard à fleurs me fait signe. C'est mon hôtesse, Florine machin-chose. J'ai oublié son nom. À sa vue, tout mon corps se contracte. Son sourire affable et ses propos charmants n'y changent rien, au contraire, tout me révulse. Je suis là par obligation. Je n'ai aucune envie de faire des ronds de jambe ou autres salamalecs. Paul, le garçon poli, l'ado gentil, le jeune homme courtois a disparu. Il a été transformé en boule de colère. Par mon père, par ma mère... et par moi. Je m'en veux d'avoir courbé l'échine, de n'avoir pas su dire non. Mille fois je me suis retenu de sauter du train, de prendre la tangente. À chaque arrêt, à chaque ralentissement, l'idée furieuse revenait. Fuis ! Sauve ta peau !

Tu parles ! Trop lâche pour aller jusqu'au bout alors que je n'attends rien de cette semaine, à part qu'elle m'enfonce encore davantage la tête sous l'eau. Comme une ultime mascarade.

Je me contente d'un vague bonjour. Visiblement, ça ne la gêne pas. Florine est du style à faire la conversation en solo et à la maintenir à flot pour deux, gloussant entre deux morceaux de phrases.

— Tu as fait bon voyage ? Ma voiture est par là ! Nous allons faire la route ensemble. Tu verras, ce n'est pas très loin. C'est un endroit très cosy ! Ha, ha, ha ! Un ancien monastère reconverti, avec un parc immense. Des arbres magnifiques. Un cadre idyllique pour méditer et se restaurer. Ha, ha, ha ! D'autres jeunes sont déjà arrivés. Je crois que tu en connais un. Il s'appelle Ludovic. Tu vois de qui je veux parler ?

Ludovic. Le prénom me frappe par surprise. Ils ont réussi à réunir les deux rebelles de VLV dans le même stage ! Ils sont forts. À moins qu'ils ne soient inconscients. On pourrait se pervertir mutuellement. Cette pensée est la plus réjouissante qui me soit venue depuis longtemps ! Qu'est-ce qui m'arrive ? Je ne me reconnais plus, c'est troublant. Je dissimule mal mon sourire, Florine en profite pour sauter dessus.

— Ah ! Oui, tu le connais. C'est mieux d'avoir des amis. Ha, ha, ha ! Nous sommes une grande famille, ici, tu t'en apercevras vite.

Je la laisse dire, alors qu'elle me désigne un gros 4 × 4 rutilant posé comme une merde sur une place réservée aux handicapés. Elle remarque mon temps d'arrêt.

— Oui, ha, ha, ha ! J'avais peur d'être en retard. Allez, allez, grimpe avant que je prenne une prune !

J'ai à peine le temps de m'asseoir qu'elle fait déjà vrombir le moteur de son bolide. On fait un bond en arrière avant de repartir dans le bon sens. Je bascule sur le tableau de bord.

— Attache-toi ! Ha, ha, ha ! On ne sait jamais.

Je ne me fais pas prier. La route défile à toute vitesse alors qu'elle me saoule de paroles. Une haute grille se profile enfin, m'annonçant le terminus. Au bout de l'allée cavalière, une bâtisse austère étire ses formes anguleuses.

— C'est là. Ha, ha, ha ! me confirme ma conductrice.

Ses rires me tapent sur les nerfs. Je voudrais qu'elle se taise. Mais non...

— Tu vas avoir le temps de t'installer avant la réunion de quatorze heures. Le repas se prend à midi pile, au réfectoire. Tu verras, on vous soigne aux petits oignons. Ha, ha, ha !

Elle freine dans un crissement de gravillons et m'invite à sortir. Dehors, le vent me gifle sans arriver à me sortir de la brume où je m'enlise. Déjà, Florine me pousse vers l'entrée, me précède du claquement nerveux de ses escarpins jusqu'à une chambre à quatre lits.

— Voilà tes appartements. Les deux lits d'en haut sont libres. Tu peux choisir, c'est jour faste. Ha, ha, ha ! Pour manger, c'est simple, tu reviens sur tes pas et, au bout du couloir, tu prends à droite. C'est la première porte sur la gauche, c'est écrit dessus, comme le Port-Salut ! Ha, ha, ha ! Tu ne pourras pas te tromper. À tout à l'heure !

Et elle sort. Bon débarras !

La fenêtre donne direct sur le parc et, malgré l'hiver, la vue est plutôt verte. J'ouvre les battants en grand et un courant d'air froid me traverse, me soulevant le cœur par la même occasion. Je projette mon sac sur l'un des lits du haut et grimpe à l'échelle pour le rejoindre. J'évite de penser que je suis censé rester ici jusqu'à dimanche prochain. Raté... Cela ressemble déjà à une éternité façon peine de prison...

En venant jusqu'ici, on n'a croisé personne. Le bâtiment ressemble à une coquille vide. Au-dessus de mon oreiller, une croix en bois me rappelle que je ne suis pas seul. Sauf que, cette fois-ci, je n'arrive pas à y croire. Non pas en Lui, mais au résultat qu'on me promet. D'impuissance, je balance l'oreiller sur la porte au moment où elle s'ouvre. Un mec se baisse pour éviter mon projectile.

— Eh ! Fais gaffe !

Il porte d'étranges lunettes bleues et me lance un regard déformé par l'épaisseur de ses verres.

— C'est toi Paul ? Bon, moi, c'est Hervé. Je suis venu te chercher. C'est l'heure du déjeuner.

Je descends de mon perchoir sans lui répondre. Il a déjà fait demi-tour. La salle à manger se révèle monacale. Grise, longue, terne. Les stagiaires sont déjà tous attablés quand je fais mon entrée. J'en dénombre une vingtaine. Les filles d'un côté, les garçons de l'autre. Bonne ambiance.

Je repère Ludovic. Une place vide à côté de lui me tend les bras.

— Salut ! T'as fait quoi à ta mèche ?

Il passe une main lente sur son crâne.

— J'ai été obligé de la couper. C'était pas convenable. Pas assez masculin, selon eux.

— Je vois... C'est cool que tu sois là. J'avais peur d'être tout seul ici.

— Pareil.

Mais sa réponse manque de conviction.

Bizarrement, la proximité que ma présence lui impose a l'air de le gêner.

Le plat passe sous notre nez, coupe notre conversation à peine entamée. Des nouilles gluantes s'entassent autour de miettes de jambon.

— Cantoche à fond les manettes... gémit Ludovic.

— T'es arrivé quand ?

— Hier soir... C'était du riz... au saumon. Des repas équilibrés, qu'ils disaient !

J'étouffe un rire nerveux en me servant.

— Qu'est-ce qu'on va faire ? T'as une idée ?

— On t'a pas mis au parfum ?

— Vaguement...

— Ce matin c'était séance de reformatage...

— De quoi ? je manque de m'étouffer.

— Ben oui... Tu dois redevenir un homme. Un vrai.

Ma fourchette se met en mode vol plané. C'est quoi encore cette invention ? Je n'ai pas le temps de lui demander des précisions. Un gars en costard se plante devant nous.

— Ah, Paul ! Et Ludovic... Je sais que vous vous connaissez. Matthieu vous a chaudement recommandés. Se connaître, c'est bien, mais vous êtes là pour vous faire de nouveaux amis. Alors, la prochaine fois, mélangez-vous. Évitez de rester collés.

Il enrobe sa phrase d'un ton mielleux qu'il empaquette dans un grand sourire, mais le message est on ne peut plus clair. Il nous tient dans son viseur.

— C'est bon ! On peut déjeuner avec qui on veut, quand même ! je m'agace.

— Bien sûr... mais le but de ce stage est d'apprendre des autres. Tous les autres ! Des inconnus qui ne le seront bientôt plus, sauf si vous restez ensemble tout le temps.

Le mec appuie sur la fin de son speech avant de repartir d'un pas quasi militaire.

— C'est qui ?

— Boris. Le chef de stage.

— Pourquoi t'es là, Ludovic ?

— Ma mère... Elle est devenue folle de rage et de tristesse après le coup de fil de Matthieu. Je pouvais pas faire autrement. Elle n'a plus que moi. C'est compliqué. Et puis ses frères, mes oncles, ne la laissent pas respirer avec... mon problème. Ils sont ultra-croyants.

Je hoche la tête. La pression familiale, je connais par cœur.

L'après-midi nous sommes réunis pour une session de remasculinisation. Rien que le mot me fait horreur. Nous sommes une quinzaine à nous mettre en rang d'oignons face à Boris, qui ressemble à un général passant ses troupes en revue.

— Relevez la tête, tenez-vous droits. Redressez-moi ces épaules !

C'est n'importe quoi ! On se croirait dans un film de guerre américain. Mais ce n'est pas fini. Il nous tend une feuille sur laquelle un texte est écrit.

— Vous allez me lire cela, chacun votre tour. Votre ton et votre débit sont très importants. En reprenant la maîtrise de votre corps et de vos cordes vocales, vous retrouverez l'estime de vous !

Les autres participants se plient à ses ordres, cherchent à bien faire, recommencent jusqu'à obtenir les félicitations du chef. Je n'en reviens pas. Quand vient mon tour, le papier pendouille, lamentable, au bout de ma main. Où suis-je tombé ? C'est pire que tout ce que j'avais imaginé !

— Non...

Le *non* tant convoité déboule enfin d'entre mes lèvres.

— Comment ?

— Non. Non, je ne vais pas faire ça !

— Et pourquoi ?

— Mais parce que c'est ridicule ! Ça ne rime à rien.

— Très bien. C'est ton droit, Paul. Mais sache que plus tu recules devant l'obstacle, plus ta restauration sera longue à venir.

Sa réplique est un avertissement. Une menace à peine voilée. Ludovic me lance un regard étrange. Entre perplexité et soutien... Je n'arrive pas à trancher. Tant pis, je ne peux pas revenir sur mon refus. Boris enchaîne déjà. Il parle d'abstinence, du péché de la masturbation, de la haine de soi... Je n'écoute plus. Tout se perd dans un tumulte de sons absurdes. Exercices ou diatribes, je ne suis plus là pour rien. J'ai l'impression d'avoir entendu mille fois le même discours à VLV. Les heures passent et dégringolent dans un mystérieux trou noir.

— Demain, nous partirons pour une randonnée à travers la forêt. Rien de mieux qu'une bonne suée pour se sentir vivant !

La journée s'achève sur cette promesse alors que je suis plus mortifié que jamais. Humilié.

Rabaissé.

Plus ils veulent me rendre à ce que je suis censé être, plus ils m'égarent. J'erre sans fin dans un dédale sans nom. Un labyrinthe sans queue ni tête.

Après la messe, qui nous a réunis dans la chapelle, je ne suis pas fâché de rejoindre ma banquette en apesanteur. La fatigue me terrasse mais je garde les yeux obstinément ouverts. Alors que les trois autres, avec lesquels je n'ai pas échangé deux mots, sombrent rapidement dans le sommeil, je tourne en boucle. Ils ont tous accepté la petite pilule proposée par Florine, « une aide pour dormir », a-t-elle précisé en mettant en avant son diplôme d'infirmière. Je préfère ne rien avaler qui pourrait m'empêcher de chercher à comprendre ce que je fous là. Les prières en commun ne m'ont été d'aucun secours. Je joins les mains, j'essaye de capter l'attention de Dieu, je voudrais tant qu'Il me vienne en aide. J'ai peur de finir comme Ludovic, qui accepte tout, qui ne réagit même plus. Ce qu'il est devenu m'épouvante. J'invoque le Seigneur, récite mes prières, mais la réponse ne vient pas de là où je l'attends. Un cri retentit. Un son qui n'a rien d'humain. À moins que... Je tends l'oreille, tétanisé. Le hurlement, bref, strident, reprend. Si. Il est affreusement humain et il me sature les tympans. C'est lui qui explose mes dernières résistances, mes ultimes réticences. Le signal que j'attendais.

Je dois arrêter avec mes questions sans fin.

Je dois quitter ce lieu.

Maintenant !

XXXIV

Thalia

Les vacances de février pointent leur nez et elle n'a toujours pas remis le sien au lycée. La proposition de Clotilde a fait son chemin et Thalia a entamé les démarches pour suivre les cours par correspondance. Maintenant, les fiches s'empilent au pied de son lit. Reste à les ouvrir vraiment. Tous les matins, elle se lève avec une volonté de fer qui fond minute après minute, avec une régularité de métronome. De quoi la mettre sur les nerfs et se détester un peu plus. Surtout que l'urgence est ailleurs. Si elle est logée par L'Abri, elle doit aussi se nourrir et se vêtir ! Aller à Emmaüs et aux Restos du Cœur, c'est pas franchement le shopping idéal quand on a dix-huit ans. Mais elle n'a pas le choix. À moins de trouver un job et de gagner des sous, difficile de faire l'impasse sur les associations caritatives. Tendre la main, demander la charité, voilà une orientation qu'elle n'aurait jamais imaginée. Mais tout a changé. Elle qui faisait des sacs de fringues tous les ans pour les offrir à des vestiaires solidaires, elle dépend maintenant des dons des autres. Thalia a traversé le miroir et pas dans le bon sens. La honte s'acharne.

Ce jour-là, elle revient de la fondation de l'abbé Pierre, les bras chargés d'un sac bourré de trucs et de bidules qu'elle a récupérés au petit bonheur la chance. La volonté de ne pas s'attarder dans le hangar où s'agitent les bénévoles est un aiguillon qui ne lui laisse pas le temps de faire des choix ultra-judicieux. Au moins, elle n'aura pas fait le déplacement pour rien. En espérant que le jean et la chemise seront à sa taille.

— Eh ! Toi !

Thalia cherche des yeux qui l'appelle. Cette petite dame aux yeux perçants derrière ses lunettes blanches... Elle l'a déjà vue, mais où ?

— Oui, toi ! Je te reconnais. Tu venais faire tes courses au magasin.

Tilt ! C'est la caissière de la supérette du lac. Celle qui lui avait offert une bière, un peu de chaleur à se mettre au creux du ventre. Thalia hésite. Sourire ? Pas sourire ? Prendre ses jambes à son cou ? Qu'est-ce qu'elle lui veut ?

— Dis donc... reprend la bonne femme en s'approchant. Un job de vendeuse, ça te botterait pas ? On en cherche une justement. Quelques heures par semaine. Ce sera pas l'eldorado côté fric mais bon... si jamais ça te tente.

Si ça la tente ? Bien sûr ! Mais la petite dame, avec sa proposition en or, elle ne sait pas qui elle est. Sinon jamais elle la hélerait comme ça ! En pleine rue ! Thalia inspire un grand coup et, sans réfléchir, lui oppose sa vérité. Autant prendre les devants pour éviter de se faire jeter après, non ? Les fausses joies, elle a déjà donné.

— Je suis lesbienne. Vous êtes sûre que c'est moi que vous voulez pour ce taf ?

Un instant désarçonnée, la femme ouvre de grands yeux, avant d'exploser de rire :

— Tu me dragues ou quoi ? Qu'est-ce que j'en ai à faire moi, de qui tu kiffes ! Du moment que tu fais le boulot.

Thalia se retient de se jeter à son cou, de l'embrasser sur ses deux joues, qu'elle a plutôt rondelettes. Des pommes qui sautillent au même rythme que sa poitrine alors qu'elle continue de se marrer.

— Allez, viens ! On n'est pas loin et je vais te faire signer les papiers. T'es bien majeure au moins ?

— Oui !

Une pensée saugrenue vient se percher sur les neurones de l'ado. Ce serait pas elle, la fée du lac dont Paul lui avait parlé ? Avec cette offre qui tombe du ciel, on dirait que son horizon se couvre d'étoiles. C'est magique. Thalia a du mal à y croire, ça paraît trop dingue pour être vrai. Pourtant, tout s'enchaîne à la vitesse du bagou de sa nouvelle héroïne. Rapide. Efficace. Thalia pourra commencer dès le lendemain. Même son paquet de fripes qui sentent bon l'occase prend des airs de fête. Le truc inespéré, qui vient chambouler son présent, lui redonne foi en l'humanité. C'est pas rien pour une fille comme elle, qui a tant de mal à s'autoriser à espérer.

Elle rentre à l'appartement en quasi-lévitation.

Mais à peine met-elle un pied dans la cuisine que la silhouette de Margot lui plombe sa petite ambiance perso. La tête entre les mains, la jeune femme est secouée de sanglots silencieux. Thalia pose délicatement son barda, hésite une seconde, avant de l'interroger :

— Margot ? Qu'est-ce qui se passe ?

L'interpellée relève un visage bouffi et, sans un mot,

lui désigne la poubelle. Deux bouteilles de vin vides ont roulé jusqu'à elle. Margot a replongé et Thalia s'en veut d'être aussi joyeuse. Elle tire une chaise, s'assoit à côté d'elle, histoire de lui faire comprendre qu'elle est là. Au cas où.

Les garçons ne sont pas encore rentrés, sans doute à leur job, au café ou ailleurs... Le soir descend sur leur duo immobile. Les ombres envahissent la pièce, rampent sur leurs mains, leurs joues, leur front. Margot a cessé de hoqueter. Thalia est toujours là.

— T'es pas obligée de me veiller !

— Non. Mais ça me fait plaisir en fait...

— Plaisir de me voir dans cet état ?

— Non. Plaisir d'être avec toi.

D'un index lent, Thalia remonte une mèche charbon derrière l'oreille de Margot, lui découvrant trois petites pierres vertes, un bout de visage, un morceau de profil. Elle la trouve émouvante, la ligne qui se dessine dans la lumière du soleil couchant. Fragile aussi.

La main de Margot vient alors brusquement se glisser sur la cuisse de Thalia, qui sursaute à ce contact imprévu. Mais elle ne cherche pas à se dégager et doucement vient entremêler ses doigts aux siens. Ces derniers s'y agrippent presque désespérément. Une décharge d'émotions brutes fond sur Thalia. Nouées ainsi l'une à l'autre, elles ne bougent plus. Ça dure une minute, trente minutes... impossible à savoir. Quand la clé tourne dans la serrure et que la porte s'ouvre sur Ali et Farik, leurs mains se détachent. À regret.

***

Thalia s'est réveillée plus tôt que d'habitude, une nouvelle énergie chevillée au corps. Elle a enfilé son pantalon et son pull, s'est maquillée aussi, légèrement, penchée sur la petite glace qu'elle garde sur sa table de nuit. Aujourd'hui elle va travailler. Aujourd'hui elle va être utile. Aujourd'hui elle ne tournera pas en rond. D'ailleurs elle a même pris le temps de classer les cours du CNED, histoire de mesurer son retard. Pas très bon pour le moral, mais excellent pour se mettre un coup de pied aux fesses. Bref, Thalia espère tourner une page, en ouvrir une autre. Redevenir ou devenir la « sacrée fonceuse » qu'elle a dû être dans une autre vie, celle dont lui a parlé Clotilde. Une vieille connaissance partie loin et qu'elle aimerait bien retrouver. Elle peut se permettre de rêver, c'est toujours ça de pris. Au moment où elle enfile son blouson, son téléphone bipe. Un texto. Depuis celui de Loïs, elle n'en reçoit quasiment plus.

Cé moi Arthur. J'ai piqué le téléphone à maman. J'efacerait après. Je voulait savoir si c'été vrai que t'était parti sans rien dire. Maman elle pleur tout le tant. Papa il cri beaucou et moi je t'atten tout le tant. Ici c'est tro triste s'en toi ! Alor peutetre tu répondra si ta se message. Ils dise que ta changé et que cé pour ça que tu nous aime plu. Pourquoi t'orait changé ? Moi je t'M encor. Cé ton frère Arthur.

Dans sa poitrine, le cœur de Thalia s'est mis à pulser aussi fort que des décibels poussés à fond. C'est si violent que chaque coup la fait tanguer. Elle est obligée de se tenir au mur pour ne pas tomber. Les yeux rivés à l'écran, elle lit et relit les mots de son petit frère. Tout se brouille dans un chaos de battements indescriptibles. Non, j'ai pas changé, Arthur. C'est un mensonge, tu entends ! Oui, je t'M moi aussi, je t'M encore, je t'M autant. Thalia lui répond par télépathie, tout son être est une réponse qu'elle lui hurle et qu'il n'entend pas. Mais elle ne peut pas lui écrire. Si sa mère intercepte sa réponse, il pourrait être grondé ou puni, par sa faute...

Elle essuie le truc qui dégouline sur ses joues et dans son cou, des larmes ou de la sueur, elle n'en sait rien.

Arthur.

Il souffre de son absence. Il le lui dit. Il prend des risques et elle, elle n'a même pas cherché à le rassurer. Elle est archinulle comme grande sœur, ultra-égoïste, arc-boutée sur son histoire. Quelle conne ! Quelle idiote ! Pourquoi elle n'a rien fait, rien osé ? Parce qu'elle avait honte ? Non ! Si ! Elle s'embrouille. C'est pas le moment. C'est si simple pourtant ! La honte, elle n'existe que dans le regard de ses parents. Nulle part ailleurs. Pas en elle. Pas sur elle. Cette répugnance qu'ils ont d'elle ne doit pas interférer dans l'amour qu'elle porte à son frangin. En aucun cas. Jamais.

— Je vais passer à son école !

La décision jaillit sans hésiter de sa gorge, lui offre la solution, lui redresse la nuque. Une évidence qui se cachait sans raison. Une résolution dans l'instant.

À voix haute.

La tête haute.

XXXV

Paul

En vitesse, je ramasse mes affaires, les entasse en vrac au fond de mon sac. Le médoc doit être sacrément fort, car personne ne se réveille. Je me félicite de ne pas avoir cédé à la facilité. Ils sont décidément passés maîtres dans l'art de nous endormir, au propre comme au figuré.

Je me faufile dans le couloir, alors que les cris ont fini par cesser. Je n'ai pourtant pas rêvé. La preuve, c'est eux qui ont été le déclic, qui m'ont fait enfiler mes baskets et qui m'aiguillonnent vers la sortie. À tout instant, je peux tomber sur Boris ou l'un de ses sbires. Ou encore Florine... Tant pis. C'est maintenant ou jamais.

Je poursuis mon chemin, longe la cantine plongée dans le noir, passe devant les salles de réunion silencieuses où on nous fait travailler notre posture, où on nous impose des discours, où on cherche à nous réinitialiser comme de vulgaires ordinateurs. C'est dingue ce qui me vient à l'esprit, au fur et à mesure que mes pas m'aident à m'évader. J'ai l'impression que mon cerveau se réveille d'une longue torpeur. Plus j'avance et plus la vérité m'éclabousse. C'est violent mais salutaire. J'arrive à hauteur de la chapelle quand un bruit de fond me parvient, une sorte de murmure choral. Derrière la porte, j'entrevois des lumières, j'entends des voix. Je devrais passer outre, ne pas m'arrêter, mais la curiosité est la plus forte. Je m'approche et pousse, millimètre par millimètre, le battant en bois qui me sépare du cri qui m'a levé. Car c'est de là, j'en suis sûr, qu'il provient. Devant l'autel, dans la pénombre des arches, à la lueur des bougies, une scène glaçante me paralyse. L'une des stagiaires, une fille aux boucles rousses que j'ai croisée plus tôt dans la journée, est à genoux, le visage renversé. Face à elle, Florine et Boris maintiennent sa tête et apposent leurs mains sur son front en sueur. De leur bouche jaillit conjointement une litanie continue, des sons inintelligibles qui ressemblent à des prières informes. Les yeux de la fille roulent comme des billes affolées, se braquent sur moi... me passent au travers.

Elle ne me voit pas.

Moi si... Comme une vision d'épouvante.

La seconde d'après, je cours.

Je cours plus vite que jamais. Le hall, l'allée, la grille, la route... Je ne m'arrête plus. Un moteur s'est mis en branle au fond de mes tripes, infatigable, indestructible. Mes jambes s'allongent et je retrouve mes réflexes de sportif. Je ne sais pas où je vais. Seulement que c'est le plus loin possible.

***

— Vous pouvez tout me raconter. Si vous voulez...

Le père Martin m'a accueilli chez lui. Recueilli, plutôt.

J'avais gardé son numéro sur moi. Celui que m'avait donné Matéo. Je ne savais pas vers qui d'autre me tourner. Rentrer chez moi était au-dessus de mes forces. Affronter la déception et la douleur de mes parents était du domaine de l'impossible. Matéo... je ne me sentais pas le droit de revenir vers lui après ce que je lui avais fait endurer, après la façon dont il m'avait quitté sur le trottoir devant le lycée. Mais choisir cet homme, ce prêtre, c'était quand même rester fidèle à ce que nous avions partagé. De toute façon, je n'avais pas beaucoup d'autres options.

Il m'a ouvert sa porte, après une nuit dans la gare du bled paumé, sur un banc aussi froid et dur que l'était ma situation, après un trajet en train sans billet, avec la peur au ventre d'être pris pour un resquilleur – ce que j'étais pour la première fois de ma vie. Autant dire que j'étais en piteux état lorsque je me suis présenté devant lui, le soleil même pas encore levé. Je l'avais appelé, en désespoir de cause, une fois arrivé à Bourges, je ne lui avais rien caché du besoin urgent de son écoute et il m'avait invité à le rejoindre chez lui, sans hésiter, sans poser de questions.

Alors, je lui raconte.

Tout.

Sans restriction, sans faux-semblants, sans pudeur, sans crainte.

Je suis au-delà de tous les sentiments qui m'ont tant entravé, qui m'ont tellement heurté. Sa calvitie naissante, son visage rond, ses gestes ouverts, ses yeux attentifs, son sourire retenu... tout en lui me met en confiance. Mais c'est surtout son accueil, chaleureux, tranquille, comme si j'étais un ami de longue date, sa façon de me mettre à l'aise avec ses mouvements calmes, qui me décident. Il sera mon confesseur hors confessionnal. Une absence de codes et un naturel absolu qui me reposent de tout ce que j'ai traversé. Il attend que je finisse mon récit, me ressert du café, que partout ailleurs j'aurais trouvé dégueulasse, mais qui, ici, est délicieux. Mon speech me laisse exsangue, au bout du rouleau. Pas d'autre façon de décrire l'abattement qui m'écrase.

Tout au long de mon exposé, il est resté muet, appuyé à l'évier de sa petite cuisine, le regard fixé sur ses mains qu'il croise et décroise au fil de mes mots. Maintenant j'ai fini. Je me sens vide. Essoré. Il tire une chaise pour prendre place en face de moi, de l'autre côté de la table en bois qui, si j'en juge par ses marbrures et ses taches, en a vu d'autres.

— Je vais être franc avec vous, Paul.

Il me vouvoie et cette distance qu'il impose d'emblée, au lieu de nous écarter l'un de l'autre, bizarrement, nous rapproche.

— Ce que vous venez de vivre s'apparente à une thérapie de conversion.

Je le regarde sans vraiment comprendre de quoi il parle.

— Bien sûr, personne ne l'appellera comme ça. Surtout pas dans les milieux ultra-catholiques où elle est pourtant encore pratiquée. Ces thérapies de conversion s'ingénient à vouloir modifier l'orientation sexuelle par des méthodes pseudoscientifiques. Des « traitements », et je mets des guillemets, qui peuvent prendre plusieurs formes : médicale, psychologique ou religieuse. Parce que ceux qui les préconisent estiment que l'homosexualité, la bisexualité ou encore la transidentité sont des maladies mentales et que, donc, elles peuvent être guéries. Ils pensent que le fait d'être attiré par une personne du même genre est une perversion et qu'un chemin de restauration est possible. Parfois cela va même plus loin...

Il souffle sur sa tasse qui ne fume plus depuis longtemps, avant de reprendre :

— Ce que vous avez entrevu hier soir ressemble à s'y méprendre à un exorcisme. Ce que vous avez entendu, ces phrases obscures, c'est de la glossolalie, un discours extatique qui n'a de sens que pour les personnes averties. Averties de quoi ? On peut se le demander.

Je sens que sa voix se crispe au fur et à mesure qu'il avance dans ses explications. Une colère sourde vibre dans ses propos. Ce qu'il m'énonce lui fait presque autant de mal qu'à moi.

— Ils veulent, par ces groupes de parole dont vous avez été la victime, prendre l'ascendant sur des personnes comme vous, perdues entre les injonctions familiales, sociétales et religieuses, en leur imposant leur état d'esprit étriqué. C'est insupportable. Paul, avoir la foi n'implique pas de rejeter une partie de l'humanité sous prétexte qu'elle n'est pas hétéronormée ! En vous faisant croire cela, ils vous enferment dans la haine de vous. Cette emprise mentale ne peut que conduire à la perte de confiance en soi, au déchirement des familles, voire aux tentatives de suicide. Et je sais de quoi je parle...

Ce qu'il me dit me fige. J'ai soudain l'impression de me découvrir tel que je suis devenu, par leur faute : un homme décomposé, un corps en morceaux. Ce qu'il me dit me fait brusquement prendre conscience que je me suis échappé d'un enfer, érigé dans l'intention de me détruire.

— Dieu nous aime tous, sans distinction, sans réserve. Vous n'avez pas à souffrir de ce que vous êtes. Vous n'avez pas à changer. Jamais. Vous devez au contraire vous accepter, vous aimez comme Il vous aime. Sans conditions. Je sais combien tous ces affreux personnages, avec leurs sermons et leurs faux diagnostics, ne vous rendent pas la tâche facile. Ils vous brisent et cherchent à vous remodeler à leur image. Pour un peu, ils se croiraient plus puissants que le Seigneur lui-même !

Son ton va crescendo. Il n'est pas en haut d'une chaire, mais ses mots portent loin. Ils font frémir l'air de la petite pièce. Un à un, je le sens, ils me libèrent d'un feu qui me consume. Mon identité, que Vers le Vrai a éparpillée, niée, est en train de renaître de ses cendres. Chaque bout de moi retrouve sa place. Sa juste place. C'est encore infime, très fragile, mais c'est là. Tangible. Infiniment précieux.

Le père Martin repousse sa chaise. Son discours le soulève. Lui qui était si paisible jusque-là s'emporte et s'empourpre :

— Ils ont tort et s'entêtent alors que la loi a changé ! Les thérapies de conversion, même si elles ne portent pas ce nom, même si elles se dissimulent sous d'autres vocables plus acceptables, sont désormais interdites. On peut porter plainte contre ces pratiques d'un autre âge ! Il ne faut surtout pas hésiter à le faire pour qu'elles prennent fin ! Il faut que cela cesse !

Je le fixe, désemparé, complètement éberlué par ce qu'il m'apprend et que j'ignorais totalement. Cette qualification quasi scientifique de thérapie de conversion, cette illégalité... tout est neuf et tout m'éclaire.

— Porter plainte ? Mais... j'étais consentant.

— Que vaut le consentement lorsqu'il est manipulé de la sorte ! s'exclame-t-il, hors de lui.

Son regard se pose sur moi et il comprend aussitôt l'effet que sa colère a sur moi, réalise à quel point je suis bouleversé par ce qu'il me révèle. Alors il se rassoit et, posément mais avec une profonde assurance, conclut :

— Vous n'avez pas choisi d'être homosexuel, Paul. Mais vous l'êtes. Et croyez-moi, cela n'a rien d'une malédiction. Vous devez vous l'autoriser, vous devez vous donner le droit de vivre pleinement votre sexualité. Vous devez l'assumer sans craindre le jugement, non pas de Dieu, mais de ceux qui croient détenir la vérité, alors qu'ils n'agitent que des menaces ridicules basées sur un mensonge éhonté. Si vous doutez de vous, si vous vous fiez à eux, alors ils auront gagné. Ils ne le méritent pas ! Ils ne le doivent pas. Alors que vous... oui !

Épilogue

Paupières serrées, poings fermés, dos raide, Paul compte à mi-voix :

— Un, deux, trois...

Un minuscule espace-temps, un sas avant d'oser.

Son index appuie sur la sonnette et la stridulation retentit, relègue loin derrière toutes ses hésitations. La porte s'ouvre et il se retrouve nez à sourire avec cette fille. Ses yeux s'agrandissent de surprise.

— La fée du lac !

— Paul ?

Les deux adolescents se fixent sans comprendre. Un instant. Un instant seulement.

Le souffle de Thalia s'accélère, incrédule, mais elle se décale, s'efface pour le laisser entrer.

Voilà une semaine qu'elle s'est proposée pour assurer l'accueil de jour de L'Abri, par tranche de deux heures quotidiennes. En plus de son job à la supérette, ces moments passés au local lui permettent de faire des rencontres, d'échanger des infos, de se rendre utile. De quoi lui faire oublier aussi que les cours du CNED s'accumulent trop vite sur sa descente de lit. Elle voit passer des gars et des filles, fauchés par le harcèlement, expulsés de chez eux, rayés de leur vie d'avant. Briefée par Clotilde, elle sait comment les recevoir, les écouter, les renseigner, les orienter. Mais Paul... ce garçon rencontré par hasard, à plat ventre après une gamelle de compète, elle ne s'attendait pas à le revoir. Et certainement pas ici. Pourtant il est là. De vilains cernes sous ses yeux racontent une nuit blanche et un moral noir. Un sac sur l'épaule et des baskets boueuses complètent le tableau. D'où vient-il ?

— Ta tenue laisse à désirer, ne peut s'empêcher de le taquiner Thalia, qui se souvient combien il lui avait paru chic au bord de l'étang lorsqu'elle était en mode clocharde.

Paul écarte les bras, baisse les yeux sur sa chemise qui pend lamentablement sur son pantalon tout froissé :

— J'ai eu une nuit difficile, se justifie-t-il.

— Ça se voit. Je t'offre un café ? Un thé ? J'ai pas de chocolat chaud...

— Dommage. Il était bon celui de la boulangerie...

— C'est vrai. Le meilleur de tous !

Paul se mord les lèvres. Leur présence ici, à L'Abri, en dit beaucoup plus long que leurs échanges superficiels. C'est le père Martin qui lui a donné l'adresse de l'association. Un endroit où il pourrait se poser, où il pourrait être accompagné. Le prêtre travaille souvent avec eux, leur donne un coup de main quand l'un des jeunes a besoin d'une oreille religieuse. Il ne s'impose pas, bien sûr, mais reste à leur disposition. Paul a choisi de suivre son conseil. Parce qu'il ne peut envisager de rentrer chez lui tout de suite. Son téléphone l'a déjà rappelé à l'ordre. Florine a prévenu ses parents. Ses parents ont cherché à le joindre. Il n'a pas décroché. Trop de choses se bousculent en lui, beaucoup de colère et d'incompréhension l'habitent façon tornade. Il s'en veut d'avoir été aussi aveugle. Il leur en veut de refuser celui qu'il est. Il s'en veut d'avoir été aussi lâche. Un homosexuel. Je suis homosexuel, se répète-t-il inlassablement depuis sa conversation avec l'homme d'Église, pour l'accepter, enfin, pour l'assimiler, pour échapper à ce mensonge qui lui a trop longtemps tenu lieu de vérité. Pour chasser la haine qui a trop longtemps entouré le mot. Trop longtemps étouffé qui il était.

Paul repense à Matéo et ce qu'il a ressenti sort de l'ombre, s'offre une définition évidente. C'était si simple et, pourtant, il y a renoncé. Sa lucidité toute neuve le foudroie. Il voudrait remonter le temps, faire les choses différemment, redonner sa chance à ce sentiment qu'il a fui par ignorance. Par obscurantisme. Mais on ne rejoue pas sa vie. On la continue, c'est tout. Autrement. En mieux. Si possible.

— Alors toi aussi... bafouille-t-il à l'attention de Thalia qui le scrute, cherche à déceler les failles qui l'ont conduit jusqu'ici.

— Eh ouais ! Mes parents m'ont foutue à la porte quand ils ont su que j'étais lesbienne. Je me suis retrouvée à la rue. Sans foi ni toit !

— Moi ce serait plutôt trop de foi... enfin, une mauvaise foi pour être plus exact. Ils ne m'ont pas jeté mais ont voulu me reconditionner. Et le pire, c'est que j'étais d'accord. J'ai marché à fond dans leurs combines. Jusqu'à ce que je craque.

— Cette nuit ?

— Cette nuit. La goutte d'eau. Le *too much*. Le plus possible. Il fallait bien que j'ouvre les yeux.

— Ça prend du temps. Ce n'est facile pour personne, Paul.

— Je sais, Thalia. Je sais maintenant.

— Ce matin-là... quand on s'est croisés...

— Je m'étais enfui de chez mon copain. J'avais résisté sur le fil. J'étais complètement perdu, mais je t'aurais pas crue si tu m'avais dit que je serais ici un jour. J'étais dans le déni le plus total. Pourtant, toi, tu m'as aidé.

— Je ne savais pas ! Et puis, toi, tu m'as nourrie ! J'étais sans le sou. Un vrai père Noël !

— Et toi, la mère Noël.

— Je savais pas qu'ils étaient homos !

— Il serait temps d'avertir les enfants !

Leurs deux rires s'entremêlent.

— Et depuis ?

— Depuis ? Je suis venue ici, ils m'ont trouvé un logement. J'ai dégoté un boulot de caissière à tiers-temps. Je fais des heures de bénévolat pour l'accueil. Je me suis inscrite au CNED pour passer le bac à distance. Mais ça... j'y arrive pas vraiment.

— Putain ! Je l'avais oublié celui-là !

— Qui ça ?

— Le bac ! Pas question de le louper... Je veux me tirer d'ici. J'irai chez ma sœur à Limoges. Marguerite. Elle m'hébergera, j'en suis sûr.

— Mais d'ici-là ? Tu vas faire quoi ?

Paul jette un œil à son téléphone qui n'arrête pas de frétiller au creux de sa main. Ses parents, encore. Peut-être qu'ils l'accepteront quand même. À moins qu'ils ne lui payent une chambre de bonne quelque part en ville, histoire qu'il décroche ce foutu diplôme. Il n'imagine pas qu'ils pourraient l'abandonner, comme ceux de Thalia. Mais le plus dur reste à faire : être adulte et les affronter.

— Je suis majeur...

— Tu crois qu'ils vont te balancer à la rue ? Comme les miens ? le questionne Thalia, qui a saisi son inquiétude.

— J'en sais rien, Thalia. C'est compliqué. Il faut que je leur tienne tête. J'ai jamais fait ça, avant.

— Tu restes leur enfant... Enfin, c'est comme ça que ça devrait être, normalement. Homo ou pas...

— Dans un monde idéal ! Le père Martin m'a proposé de les contacter. C'est lui qui m'a donné l'adresse de L'Abri, lui explique-t-il.

Elle hoche la tête :

— Il a bien fait !

— Un religieux, ça pourrait les aider à comprendre. À m'accepter, espère Paul à haute voix.

— Écoute, en attendant, tu peux rester ici. Je devrais pas te le dire, mais ça nous arrive de mettre un lit de camp. Quand on sait que c'est provisoire, bien sûr.

— Bien sûr...

— Bon, t'emballe pas, faut que je demande, hein ! C'est pas moi qui décide.

Thalia regarde sa montre. Bientôt seize heures.

— Reste ici pour l'instant. Je dois partir et je vais fermer derrière moi.

— Tu m'abandonnes ?

— Je reviens ce soir avec Clotilde, promis. Là, je dois vraiment y aller. J'ai rendez-vous !

— Avec ta petite amie ?

Le visage de Thalia se tord dans une drôle de grimace.

— Non. Je suis célibataire. Je prends mon temps. Ma dernière histoire de cœur m'a bien démolie.

Elle agrippe son sac et, une main sur la poignée, se retourne vers Paul :

— J'ai rendez-vous avec mon petit frère. Je vais le chercher tous les jours à l'école. Je le raccompagne chez nous. Enfin, chez eux. On fait la route ensemble.

Ses yeux se mettent à briller très fort lorsqu'elle ajoute :

— Arthur, lui, il m'aime comme je suis.

Au moment de sortir elle se ravise, revient sur ses pas, monte sur la pointe des pieds, pose un bisou sur la joue de Paul :

— Je suis heureuse de t'avoir retrouvé. Tu as été un moment magique pendant cette galère. J'espère que tu vas t'en sortir...

Paul, surpris, ne répond rien. Sur sa peau, une chaleur se diffuse. Oui, il s'en sortira. Oui, sa sœur l'aidera. Oui, ses parents finiront par réviser leur jugement. Oui, il aura son bac. Oui, l'avenir s'ouvrira. Il a dix-huit ans. Il n'a que dix-huit ans. Et cette fille, avec son baiser, vient de lui offrir une merveilleuse potion, une potion de fée. De celles qui rendent l'espoir possible. Ce n'est pas rien : c'est énorme. C'est exactement ce dont il a besoin pour regarder son futur en face.

Pour l'écrire à son image.

Pour le signer de son nom.

Sous sa vraie identité.

Enfin.

Pour des informations ou du soutien, quelques ressources

• *https://www.asso-contact.org/* > Ce réseau regroupe une vingtaine d'associations dans toute la France visant à : aider à comprendre et accepter l'orientation sexuelle et/ou l'identité de ses proches, aider les personnes concernées à communiquer avec leur entourage, lutter contre les discriminations. Un **forum de discussion**, des **témoignages** et une **ligne téléphonique d'écoute** sont mis à disposition sur leur site.

CONTACT : Association Contact France, 84, rue Saint-Martin, 75004 Paris
Secrétariat : 01 44 54 04 70
Formulaire de contact : *https://www.asso-contact.org/liens-utiles#bloc_nous_joindre*

• *https://le-refuge.org/* > La Fondation Le Refuge a pour objet de prévenir l'isolement et le suicide des jeunes LGBTQ+ de 14 à 25 ans, victimes d'homophobie ou de transphobie, et en situation de rupture familiale. Cette fondation héberge et accompagne les jeunes vers une reconstruction émotionnelle et matérielle. **Une ligne d'écoute** permet aux jeunes de se livrer ou de demander de l'aide à toute heure du jour ou de la nuit. Des **actions de sensibilisation** sont également mises en place dans des établissements scolaires.

CONTACT : Fondation Le Refuge, 75, place d'Acadie, 34000 Montpellier
Secrétariat : 09 54 92 60 66
Ligne du Refuge : 06 31 59 69 50
Formulaire de contact : *https://le-refuge.org/contact*

• *https://www.sos-homophobie.org/* > Cette association lutte pour construire une société inclusive pour chaque individu, quelles que soient son orientation sexuelle et son identité de genre. Elle s'est développée autour de trois valeurs (bienveillance, inclusion, indépendance) et de trois missions (soutenir, prévenir, militer). Des **sensibilisations** en milieu scolaire ou professionnel, un **accompagnement juridique** ou encore des **journées de prévention** auprès des jeunes sont mis en place. Sur leur site, il est possible de : témoigner, demander de l'aide, obtenir des réponses à ses questionnements et doutes. Un **tchat** ainsi qu'une **ligne téléphonique** anonyme sont disponibles.

CONTACT : SOS homophobie, 14, rue Abel, 75012 Paris
Bureau de l'association : sos@sos-homophobie.org
Formulaire de témoignage : *https://www.sos-homophobie.org/temoigner*
Ligne d'écoute : 01 48 06 42 41

• *http://ravad.org/* > Le Réseau d'assistance aux victimes d'agression et de discrimination est une association qui assiste les victimes d'agressions et de discriminations, notamment celles ayant trait à l'orientation sexuelle et à l'identité de genre. Cette association propose d'apporter **un avis juridique** si nécessaire, ainsi qu'**une mise en relation avec des professionnels** du droit et de la santé dans toute la France. Un **numéro d'urgence** est mis à disposition.

CONTACT : RAVAD, c/o Centre LGBT IdF, 63, rue Beaubourg, 75003 Paris
Pour les urgences : 06 17 55 17 55 – urgence@ravad.org

• MAG Jeunes LGBT+ > C'est une association pour les jeunes LGBT+ âgés de 15 à 30 ans. Elle organise des **permanences** hebdomadaires et propose des activités culturelles, éducatives et des loisirs. Elle a pour but d'aider à rompre l'isolement des jeunes, et effectue des **interventions en milieu scolaire** pour sensibiliser les jeunes aux questions de genre, de sexisme, d'homophobie... L'association propose également des **formations** pour l'ensemble du corps éducatif. Des centres se situent à Paris, Lyon et Clermont-Ferrand pour que les jeunes puissent se rencontrer et partager des moments de convivialité ensemble.

CONTACT : 01 43 73 31 63 – contact@mag-jeunes.com

• Suicide Écoute > L'association a été fondée par un groupe de bénévoles d'horizons variés, mais tous expérimentés dans l'écoute de personnes en détresse. Elle propose une **écoute anonyme** et gratuite 24 heures sur 24 et 7 jours sur 7, afin de venir en aide à ceux qui pensent ou veulent mettre fin à leurs jours. Cette association recueille également les **témoignages** de proches de personnes déprimées ou suicidaires, ceux qui ont dû subir le suicide d'un être aimé, ou le redoutent. Des **interventions** sont organisées dans des universités, auprès de centres de formation ou dans d'autres associations.

CONTACT : 01 45 39 40 00 – contact@suicide-ecoute.fr

Remerciements

C'est après avoir visionné le documentaire *Homothérapies, conversions forcées*, de Bernard Nicolas, écrit avec Jean-Loup Adénor et Timothée de Rauglaudre que j'ai eu envie de me pencher sur le sujet. J'avais déjà vu le très beau film de Joel Edgerton, *Boy erased*, mais je n'avais pas imaginé que des thérapies de ce type, même sous un autre vocable, puissent avoir lieu en France et aujourd'hui. Je me trompais. Une révélation, suivie d'une indignation et d'une colère que j'ai eu la chance de partager avec mes formidables éditrices Marion Balalud et Manon Sautreau – relayée par Laurence Bareyre. Elles m'ont immédiatement suivie et encouragée à développer mon projet de roman. Je tiens ici à les remercier chaleureusement de leur soutien et de leur confiance !

Merci aux journalistes Jean-Loup Adénor et Timothée de Rauglaudre d'avoir éveillé ma conscience par leur reportage édifiant et leur ouvrage *Dieu est amour*, publié chez Flammarion.

Merci aux documentaires *Préliminaires* de Julie Talon, *Coming out* de Denis Parrot et *Pray away* produit par Ryan Murphy.

Merci à Garrard Conley pour son roman-témoignage *Boy Erased*, dont a été tiré le film du même nom, réalisé par Joel Edgerton.

Merci aux fictions *Come as you are* de Desiree Akhavan et *Tremblements* de Jayro Bustamante.

Merci aux journalistes pour leurs articles et leurs recherches, comme celui d'Alexandre Malesson dans *Slate*, en date du 29 août 2018, titré « Cette séance m'a anéantie : les ravages des thérapies pour guérir l'homosexualité ».

Merci au courage et à la détermination de la député de l'Allier Laurence Vanceunebrock d'avoir porté et fait adopter la loi interdisant les thérapies de conversion le 25 janvier 2022.

Merci à Thomas Ducournau, coordinateur régional de l'Île-de-France de la Fondation Le Refuge d'avoir bien voulu me rencontrer et répondre à toutes mes questions.

Merci infiniment à Ingrid Chabbert, Bruno-Serge Leroy et Morgan Camus d'avoir relu mon texte avec leur généreuse expertise et leur bienveillante exigence.

Merci, enfin, à toute la super équipe Slalom d'accompagner aussi bien mes chers Paul et Thalia dans l'univers de la littérature jeunesse.

DÉCOUVREZ LES AUTRES PUBLICATIONS D'ANNE LOYER CHEZ SLALOM

En Inde, naître fille reste un handicap. À 16 ans, Anoki va en faire la douloureuse expérience. Jusque-là pourtant, rien dans sa vie à New Delhi, au sein d'une famille moderne et aimante, ne la préparait au destin qui l'attend. Depuis toute petite, ses parents lui ont appris, comme à ses deux grands frères et à sa petite soeur, l'importance des études. Mais lorsqu'elle pense pouvoir choisir son avenir, elle se heurte à l'hostilité des siens et au poids des traditions. Anoki, rebelle et amoureuse, va tout faire pour échapper au futur qu'on veut lui imposer...

Comme beaucoup de Chinoises de sa génération, Xinxin est fille unique et tous les espoirs de ses parents reposent sur ses épaules. Sa vie est une course à l'excellence jusqu'au jour où elle apprend que sa meilleure amie va être grande sœur. Cette annonce ouvre en elle un incompréhensible gouffre d'émotions. Lorsque Xinxin aborde le sujet avec sa famille, elle se heurte à un mur de silence et de gêne. Se pourrait-il que ses proches lui cachent quelque chose ? Elle choisit de se battre pour lever le voile sur ces non-dits et comprendre enfin ce manque qui la hante.

Toute notre actualité et nos auteurs sur :
www.slalom-editions.fr